人生は負けるためにある

インナーチャイルド癒しの実践8　講演録

由井寅子

目次

■カバー使用イラスト：ヨーグル／PIXTA（ピクスタ）

本書は、由井寅子講演『人生は負ける為にある』

２０１７年　８月13日　東京講演

２０１７年　９月17日　札幌講演

両講演の講演録から抜粋・編集したものです。

ごあいさつ

由井寅子です。ホメオパス、学長、農業といろんなことをやっている中で、私が今一番力を入れたいのは「インナーチャイルド癒し」です。

私がホメオパスとして25年ほど活動してきて感じたことですが、皆さんインナーチャイルドを抱えて苦しんでいます。ホメオパシーで体の病気がよくなったとしても、心の病気（インナーチャイルド）が癒されない限り、また体の病気になって戻って来ました。もちろん、心の病気もホメオパシーで癒すことはできるのですが、自分はこのような考え方をする傾向があると認識し、自分を見つめていかない限り、完全に癒すことはできないんですね。ですから、ホメオパシーのレメディーやフラワーエッセンスをとるだけでなく、意識的にインナーチャイルド癒しをすることがとても重要なのです。

インナーチャイルドの根っこには、自分は駄目だ、自分は役に立たない、自分はクズだ、自分は価値がないという無価値感があります。だから、怖くて一生懸命に価値ある人間になろうと頑張り、怒って戦うのです。自分がどのような状況で何に悩み、苦しんだのかということを認識しない限り、病気を生じさせている原点には戻れないとわかったのです。

ホメオパスの私と患者さんで、二人三脚と言いますか、私もいいレメディーを出しますから、あなたも自分の苦しかった人生を振り返ってみてくださいと伝えたところ、パターンがあることがわかりました。ある言葉を言われると、めげて死にたくなる人、向かっ腹を立てて反骨する人、恐れて取り繕う人など、その人なりの癖があるのです。

なぜその言葉に、反応してしまうのか？　ご自身で見つめていただきたい。

小さい頃、親に「あなたはこういうところがあるから駄目」などと言われたことが、心の傷として残っている。それを根本的に癒すには、やはり自分自身が、わがままでよかったんだよ、勉強ができなくてもいいんだよ、と許していかない限り「駄目だと否定された自分」が付きまとってしまうのです。そこが一番の鍵だなと思いました。

皆さんにぜひ、インナーチャイルドとは何かを知ってもらい、インナーチャイルド癒しをやって幸せになっていただきたいと、心から願っているわけです。

これから「人生は負けるためにある」という講演を行いますが、すごくたいそうなタイトルですね。『勝つことは善・負けることは悪』というこの世的価値観で勝って、勝って、勝ち抜いて、駄目になりたくない恐れから、努力して、頑張る……ということをやめて、負けることでこの世的価値観をどんどん外していこう。人生いろんなことがあるけれど、許して、許して、許していこう。駄目な自分自身を許していこう。そのためには、「駄目な自分を認めていこう」「負けていこう」というのが、私が64年生きてきてたどり着いた着地点です。

私が体験したことと皆さんが体験したこととはもちろん違いますし、持論ですから異論があっても構いません。ただ、私が今まで生きて感じたこと、体験したこと、たくさんあった挫折を例に、皆さんにお伝えしたいと思いますので、お付き合いいただければなと思います。

序章　私のインナーチャイルド癒しの原点

私はイギリス人の夫がいました。この夫、ある日突然、私と子どもを置いて出て行ってしまったのです。青天の霹靂《へきれき》といいますか、とにかく、びっくりしました。彼女がいるなんて思ってもいなかったから。全然知らずにいましてね。

でもそのときに「行かないで」とも何も言わなかったのです。

私は、それまでも、理不尽なことをされても、相手を責めたことがなかった。話し合いを続けても、今以上に自分が傷つくことを知っているから黙っちゃう。この心の癖ができたのは、母親に何かを言うと「文句ばかり言うな」とか「すぐそうやって反骨する」とより怒られて黙るしかなかったからですね。

たとえば、熱を出すと「私ひとりが稼いでいるときに、のんきに熱を出していいと思っているのか」と殴られました。「お母さんに迷惑をかけるな」と言うものですから、頭が痛かろうが、お腹が痛かろうが、学校でいじめられようが、何も言わず黙って学校に行くしかなかった。だから黙りこむ癖があって、このときも「あっそうなの、出て行くの。じゃあこの椅子もあなたのものだから、持って行ったらいいよ」なんて差し出してしまう。そうして夫とも、きれいに別れた感じですけれど、実は納得がいかないまま別れているから、後になって悔しさが滲み出てくるわけです。

だから自分の息子に当たってしまって……。息子が少し大きくなってから、お父さん、お父さんとタンスの引き出しを開けてお父さんを探していたのです。あの1m94センチの大男がこんな所に入るわけないだろうに、それをやられると辛くて、パンと息子をひっぱたいたりしてました。これが、インナーチャイルドからくる感情とも知らずに、かわいそうなことをしました。

そうして子どもには感情を出せるのに、夫には大丈夫ですよ、とすました感じでいた。だから私、本当に馬鹿だったなと思って……。

こうして結局、シングルマザーになっちゃった。

シングルマザーの辛いところは、愛を与えるだけというところです。ひたすら子育てをして、子どもたちに愛を与えるだけで、「寅子よくやったな」と背中を撫でてくれる夫はいないのです。当時私はイギリスにいましたから、もちろん母はいないし、もともとそんなことをしてくれる母ではないし、誰も「今日は頑張ったな」と背中を撫でてくれない。苦しかったですよ。私の中の愛された感覚が少ないのに、子どもは愛を求めますからね。

しかも、多くの助けを必要とする子育ての時期にイギリスにいたということも大変でした。生活のために働かなければなりませんが、イギリスには親戚縁者もいない。子どもが病気になっても預けるところがないので、本当に困りました。

当時、ホメオパシーの勉強をしていたので、なんとか子どもの病気が治るようにと、必死になってレメディーを探しました。子どもが治らず病気のままだったら、次の日、会社に行けませんからね。

夜中に子どもに疝痛がおきて、翌朝早くから出張に行かなければならないのに朝まで泣かれるのですよ。母子が生きていくために仕事をしなければならないのに……。子どもは子どもで、お母さんにしがみついて離してくれません。お腹も痛くて苦しいからね。

そんなときに、たった一粒の、カモミラ（Cham.）という、ジャーマンカモミールを希釈振盪（※薄めて・叩く）したレメディーを与えたら、息子がスコンと寝てくれたんですよ。

明け方に、たかだか2時間ですけどね。私も一緒にとったら、ぐっすり眠れたのです。本当にありがたかったです。

お母さんが恋しいというときにはアンチモクルード(Ant-c.／硫化アンチモン）を与えたら、子どもが「お母さん、行ってらっしゃい」と見送ってくれるようになったのですよ。熱が出たときカプシカム（Caps.／唐辛子）をあげたら、スコンと熱が下がってくれました。

このときの必死の努力と経験が、後に、キッズキットという子どものためのホームキットを作る原点となりました。夜、子どもが寝てくれない、疝痛がある、熱があるなど、シングルマザーではなくても、大変な思いをされているお母さんも多いと思うのです。自分で言うのもなんですが、体も心のトラウマも癒すキッズキットのレメディーたちは素晴らしいので、ぜひ、役立てていただければ、お母さんたちの強い味方・心の友になると思います。

海外から日本を見て、初めて日本の素晴らしさがよくわかりました。日本から来た私にとって、イギリス人はすごくクールな人が多いように思えました。日本の人情というものがことさら素晴らしく感じ、いつか日本に帰りたいと思っていました。

また、イギリスで報道の仕事をしている間、日本人が食い物にされている現実を目の当たりにすることがありました。製薬会社の取材に行ったとき、「日本人は薬が好きだから、新薬を作るといっぱい買ってくれる」などと言われたのです。多額のお金が日本から海外に流れていることもわかりました。報道の仕事をやっていますと、いろいろな真実がわかっちゃうのですよ。ワクチンを作れば従順な日本人がこぞって打つから、お金はヨーロッパに流れていくこともわかったときに、どうしたらこの事実を皆さんに伝えられるだろうかと思いました。早く日本に帰って、皆に伝えたい、日本人として日本を支え、この国に貢献したいという気持ちがあったのです。

ところが、いざ日本に帰ろうとすると、元夫が「親権をよこせ」と言うのです。「親権をよこせなんて、女をつくって出て行った男が言う言葉か！」という文句は、日本では通じてもイギリスでは通用しません。結局、子どもを置いては行けないから、なかなか帰ることができませんでした。

自分を幸せにするにはどうしたらいいのか。そして母として、子どもを幸せにするにはどうしたらいいのか。ホメオパスとして、人々を幸せにするにはどうしたらいいのか。また、私が生まれたこの日本という国をよりよくするにはどうしたらいいのか。

でも、私自身、いらん子として生まれ、その後もいらん子人生をまっしぐら。なんと人生は無常なんだろうと思いながら生きてきました。自分自身が幸せじゃないから、国を救うなんて大きなことはできません。自分も皆も幸せになるには、どうしたらいいのかって、ものすごく考えました。苦しかったからですね。そのためには何が必要なんだろうと考えたら、まず、自分が幸せになることが大切なんだとわかりました。

私は「おまえはいらん子」と刷り込まれ、誰よりも、自分自身が自分を責めていること、親が言ったことをそのまま受け取って、「私なんか生まれる必要はなかった」「私なんか生きる価値もない」と自分自身にそう言って責めていたということがわかったのです。

いらん子と言われて泣いている自分自身を癒してあげればいいんだ。そう思い、自分自身に、「本当に寅子はいらん子なのか?」「本当に価値のない人間なのか?」と問いかけていきました。大人の私が子どもの私に問いかけ、語りかけました。「寅ちゃん、いらん子じゃないよ、大事な子だよ」と誰に言われなくても、私だけでもそう言ってあげようと思ったのです。本当ならば、母親に言ってもらいたかったし、父親が生きていたらもちろん、言ってもらいたかった。親戚でも友だちでもいいから言ってもらいたかった。でも、そういうことを言ってくれる人は誰もいなかったんですね。

このような心の傷を「インナーチャイルド」といいますが、そのインナーチャイルド癒しなしに、私は幸せになれないと思ったのです。

自分だけは自分を大事にしようという境地に至ったのは、苦しくて苦しくてしょうがなかったからだと思います。そこには、愛があるんですね。愛されない苦しみの中で、自分を愛せるようになっていきました。それしか道がなく、それでしか生きられなかったからです。

自分に対して愛がある人は、人に対しても虫に対しても自然に対しても愛が溢れ出てくるものです。自分に厳しければ、やっぱり人にも厳しいのです。そうして、インナーチャイルドを癒していくうち、その都度涙がボロボロ流れますが、どんどん心が幸せで満たされていきました。

幸せってどこで感じるのでしょうか。心です。不幸と思うのも心ですね。いくらお金があっても、彼氏が愛してくれても、幸せじゃないかもしれない。何はなくとも、貧乏でも彼氏がいなくても、今ここに幸せに思う心を養うにはどうしたらいいかということです。

だから、今までの辛かった人生を、「こんなドベ（※ビリ・最下位）の人生、こんな誰からも愛されない人生じゃ、生きていても幸せにはなれない」と思っている以上、幸せにはなれないのですね。ドベな人生だと思っている、ドベでは駄目という価値観、夫に去られたシングルマザーはドベである、貧乏人はドベである、不美人はドベであるとか、全部この世的な価値観なんですね。自分自身がそれでも幸せだったらいいんだよね。

どうすれば私は、このままの状態で幸せになるだろうか。それには、辛かった過去を思い出し慰めてあげる、自分を慰めてあげる必要があるわけです。

これが、インナーチャイルドを癒す原点だと思います。

第1章　インナーチャイルド――抑圧の感情の諸層

『愛されることは善』――悲しみ

インナーチャイルドって何でしょうか。簡単に言いますと、抑圧された感情のことです。感情というものは、意志の流れが障害にぶつかって、流れが妨げられると生じるものです。人生、思い通り、順風満帆であれば何も問題はありません。でも、思い通りにならない出来事が必ず生じるわけです。

『愛されることは善』という価値観は、私たち誰もがもっていますよ。だって、誰だって可愛がってくれたり、大事にされたり、尽くしてくれたら嬉しいでしょ。そうなんです。みんな愛されたいと思っている。だから、愛されている間はいいんです。だから「親から愛されたい」「上司から愛されたい」と愛されるために皆さん必死に頑張っているわけです。

たとえば、４歳のとき弟が生まれます。今まで、子どもは自分ひとりで、お母さんが蝶よ花よと可愛がってくれた。ところが弟ができたら、跡取り息子ですから弟の方が大事なわけですよ。皆の注目も弟にいってしまいます。

「お母さん抱っこして」と言ったら、「もうお姉ちゃんでしょ、甘えたらいけないわよ」と言われます。

最初は「嫌だ、お姉ちゃんの私だって甘えたい」と母の価値観を拒否しますが、わがままは駄目だと叱られて、だんだん自分が悪いんだと思って甘えたい気持ちを我慢します。お母さんに愛されるために我慢するのです。甘えてはいけないという価値観が刷り込まれていきます。だから、わがままで駄目な自分が障害となって、愛されたいという意志が凝集して渦ができるわけです。

この意志の凝集した渦が「感情」です。感情は、強い思い、強い願い、強い欲、思い通りにならないストレスです。ストレスこそが皆さんを病気にします。これが「苦しみ」なんです。

お母さんに愛されたいのに愛されない苦しみ。思い通りにしたいのに思い通りにならない苦しみ。これが感情であり、障害を取り除きたい、思い通りにしたいという強い願い、強い欲のことです。障害があればあるほど、思いも強くなります。そして感情は、障害を取り除き、思い通りにするための行動をもたらす原動力としての役目があります。

愛されたい、甘えたい、大事にされたいのに「お姉ちゃんでしょ、甘えちゃ駄目」と否定され、甘えたい駄目な自分が障害となって、愛されたいという「悲しみ」が生じます。泣いて「甘えたいよー」と訴えますが「わがままは駄目」と悲しみの感情を表現することを禁じられ、我慢します。こうして、甘えたいという強い思い＝悲しみの感情は、潜在意識に落ちていくわけです。

この未解決な感情、未解決な欲のことを「インナーチャイルド」（以下インチャ）と呼んでいます。満たされなかった強い願いが欲となって存在し続けることになるのです。我慢して抑え込んだ強い思い、抑圧された感情は、未解決なものとして潜在意識に溜まっていくわけです。そして、似たような出来事に遭遇すると、インチャが共鳴し、簡単に浮上する、つまり感情が生じるわけです。このインチャを刺激する出来事というのは、未解決な感情がありますよ、インチャを癒す必要がありますよ、と知らせるために生じるのです。

愛されたい欲求が潜在意識に沈むとやがて股関節や肩、喉などの痛みとして体に現れたりします。「私はいつも扁桃腺が腫れてるわ」などとなったら、これはもう体の病気です。体の病気は、未解決な感情、インチャが原因であることが圧倒的に多いと思います。体の病気というのも、インチャを癒す必要がありますよというお知らせなんですね。

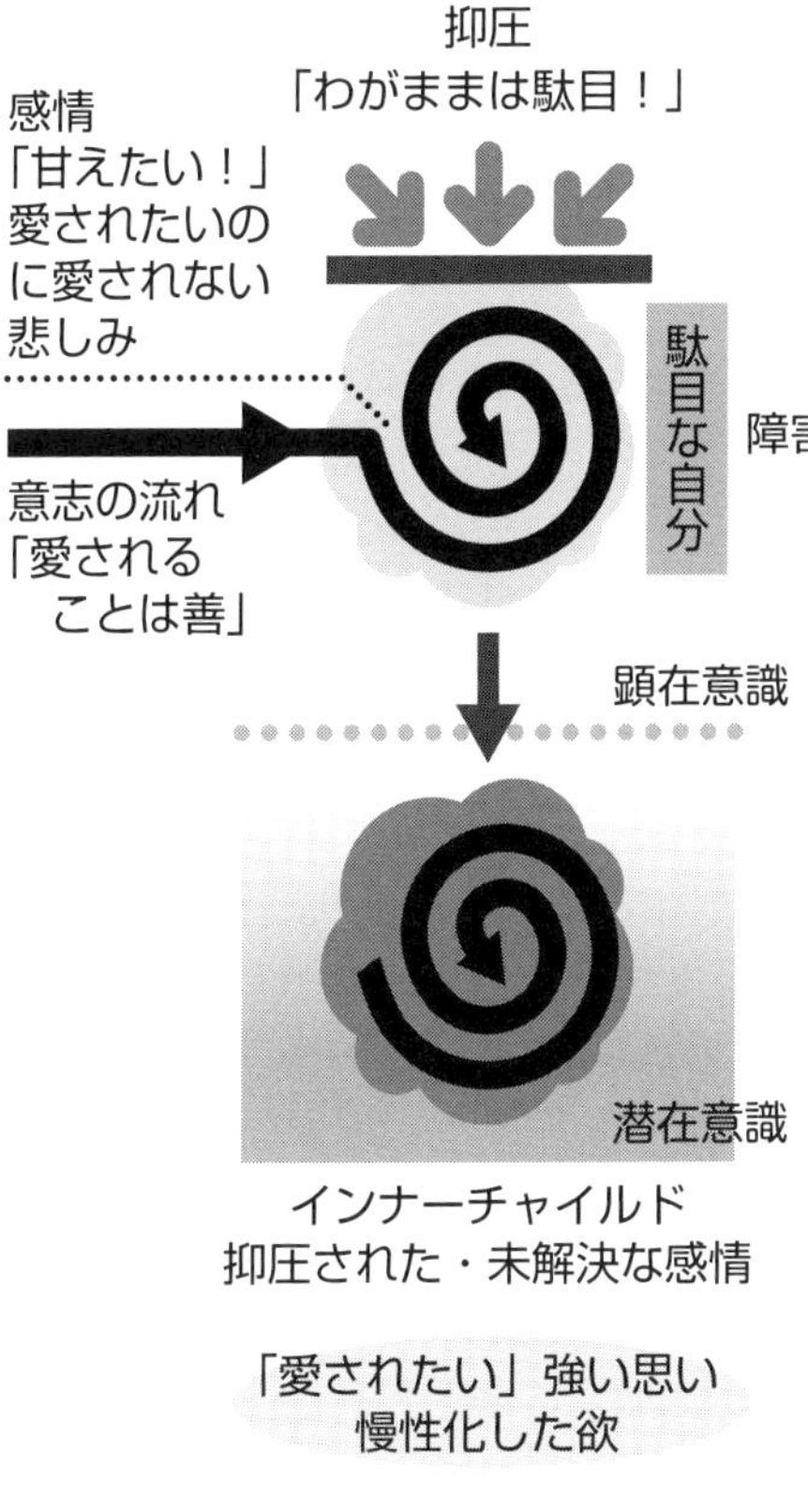

インナーチャイルドは、顕在意識から切り離され、孤立して存在する。障害がなくなっても、癒されない限り存在し続け、似たような状況、出来事に遭遇するたび、感情を生じさせる

弟が生まれてから愛されず、お姉ちゃんのふりをして我慢した人が年頃になって恋愛をし、再び愛されない状況に陥ると、簡単に心が乱れてしまいます。悲しみを感じ、股関節が痛くなり、心にぽっかり穴が空いているような感じになり、死にたくなったりします。しかしこの感情、この苦しみというのは、小さい頃に感じていて蓋をしてしまった感情、すなわち、母の愛を弟にとられた悲しみや悔しさや虚しさなのです。

親に愛されず、愛を求めて泣いているインチャがいるから、今の彼にちょっとばかり冷たくされただけでインチャが浮上して、愛を求めて泣くようになってしまうのです。不安になって、私のことを好きか、好きかとずっと聞くような人になってしまうのです。そして、そういう面倒くさい人は嫌だと、結局、捨てられてしまうのです。

たとえ彼から愛されたとしても、インチャが求めているのは親から愛されることであり、彼からではありません。だから、満足したとしても一時的なものでしかなく、心に空いた穴を埋めることはできません。彼からの愛は代償でしかないわけです。本当にほしいのは母の愛ですから、一時は満足しても、ザルから水がすり抜けていくように、愛が枯渇するんですね。泣いている内なる子どものインチャを癒さない限り、決して満たされることはないのです。それでも、代償を求めて恋愛し、より愛されようと必死に努力するのです。

感情が生じるしくみ

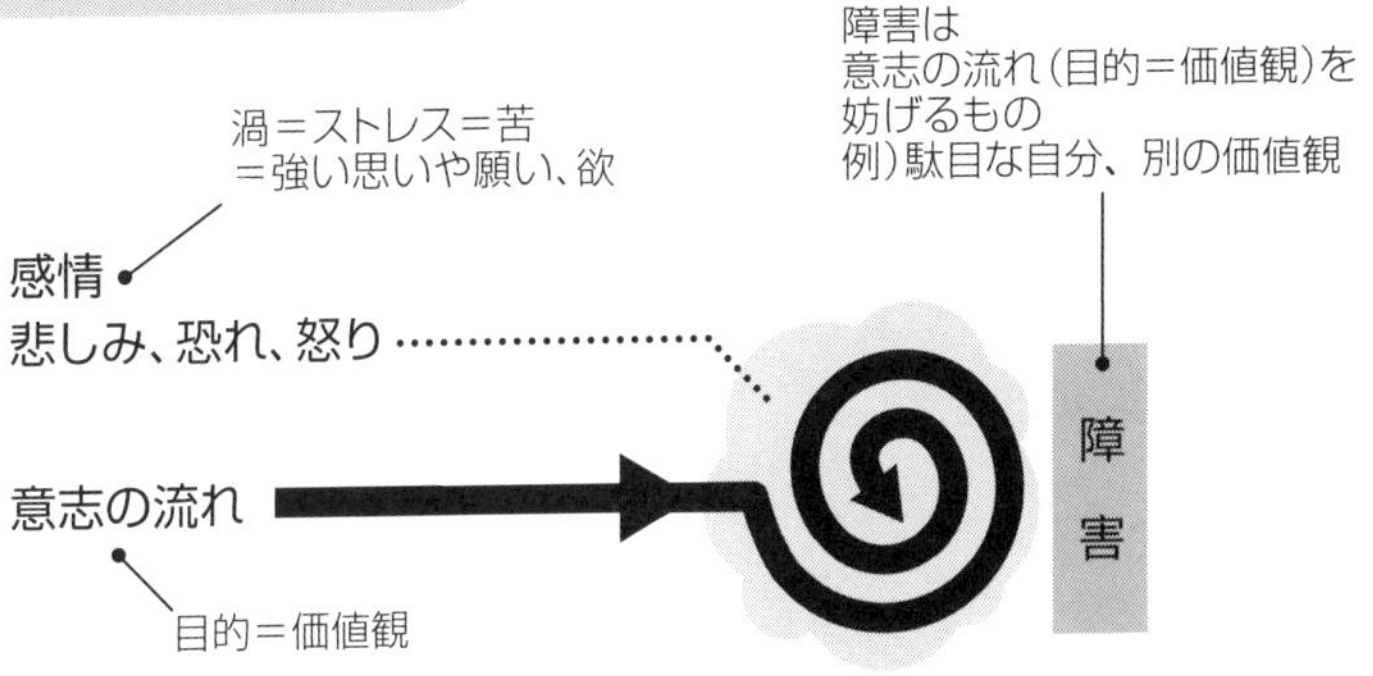

ですから、小さい頃に親に失恋している人は、そのインチャを癒さない限りずっと失恋する人生になってしまうわけです。その心の傷があることを本人に気づかせようと、神様が教えてくれるからです。「親に失恋したこの傷、癒えていませんよ」と。だから、同じような失恋体験を繰り返すんですね。

実際、私がそうでした。恋愛をすると、必ず失恋するんです。そして、必ず、死にたくなるのです。母に愛されるための戦いで、兄に負けたままですからね。

私の兄《あん》ちゃんは、母親の愛を一身に受けていました。しかし母親が死んだとき、兄ちゃんは、「寅子、わしの人生は何だったんだろう」と言っていました。小さいながらに母を助け、畑仕事も家のことも学校を休んでまでやっていました。世間では母思いの優しい息子として通っていました。思えば兄は、母に捧げた人生でした。

兄の奥さんもかわいそうでした。母親と奥さんというふたりの妻がいましたから。5年ぐらいかかな、心身のバランスを崩して入院していましたね。兄も、大変だったと思います。母親がご飯を作って待っているから、母屋と離れで、2回もご飯を食べなければいけないのです。母を捨てられないのです。

兄は母に愛されたけれど、結局は「母に一生懸命尽くしたら愛する」という条件付きの愛だったということです。だから、愛されたいが故に母親を捨てられない。彼の中にも、泣いているインチャ、母を頼って必死に生きているインチャがいるのです。

ですから、抑圧した感情、その感情を生じさせる価値観・願い、この2つを感じ切り、感情を表現させてあげる、そして願いを叶えてあげるということをやってほしいのです。イメージの中で。お母さんに愛されるイメージができなければ、自分で自分に優しい声をかけてあげて、お母さんに愛されなくても私自身があなたを愛するよと言って、自分を慰めてほしいのです。自分を労り、褒め、慰めることができる人は幸せかな、ですね。

このように、抑圧された感情と、感情を生じさせる価値観を解放しなければ、同じ出来事を繰り返してしまいます。だから私はインチャ癒しに力を入れるようになったのです。

確かに子どもは愛されないと生きてはいけません。だけど大人になったら、親や人に愛されなくても生きていけます。しかし、子どもの頃に愛されたいという思いを抑圧してしまったから、大人になっても愛されたい、愛されたいと切望してしまうのです。

だから、愛されたいと思っているインチャの願いを叶えてあげることで、インチャは満足し、愛されることは善という価値観をも緩めていくことができます。人に愛してもらわなくても生きていけるようになり、依存がなくなり、自立できるのです。

そのためにも、本当に『愛されることは善』なのか、今一度考えてみましょう。

たとえば、君が愛されなくても、神様の都合は悪くありません。でも、君が自分を愛さないと、自分を粗末にするでしょう。人を愛さないと、人を殺すかもしれないよ。動物を愛さないと、動物を殺すかもしれないよ。自然を愛さないと自然を破壊しちゃうよ。だから神様は困る。『愛することは善』というのが、神様の価値観、「霊的価値観」です。『愛されることは善』というのは、人間的な「この世的価値観」ですね。それは、真理ではないということです。

『優れていることは善』——恐れ

人はなぜ頑張るのでしょう？　なぜ、優秀になろうとするのでしょう？　愛されたいから？　褒めてもらいたいから？

ひとつは、誰もが『優れていることは善』という価値観をもっているからです。その価値観をもっている以上、どうしても優れようと頑張ってしまいます。なぜこの価値観をもってしまったかというと、親が条件付きで子どもを愛したからなんですね。

「満点をとったら愛してあげる」「妹の面倒をみたら愛してあげる」「洗濯物を干してくれたら愛してあげる」なんでも条件付きじゃないですか。「勉強ができたら褒める、勉強ができないと叱る」「親の言うことをきくよい子だと褒める、よい子ではないと叱る」これは、条件付きの愛です。

条件付きの愛をもらったから、愛されたくて『勉強できることは善』『よい子は善』という親の価値観を信じ、優れようと頑張るんだということです。

子どもが、『勉強ができることは善』とテストに挑みます。でも、頑張ったけれど30点しかとれなかった。そのことで、母に怒られたとしましょう。すると30点が障害となり、感情が生じます。このときの感情は、「愛されたいのに愛されない悲しみ」ではなく、「優秀になりたいのに優秀になれない恐れ」になります。「テストで悪い点をとるのが怖い。だから頑張って勉強しよう。頑張ってよい点をとろう」となるわけです。皆さん障害をなくそうとして一生懸命勉強したり、塾に行ったりするわけだよね。

でも、その子たちは、本当に机に向かって勉強したいのでしょうか？ あまりしたくないと思いますよ。子どもですから、本当は遊びたい、ザリガニを捕ったり、みんなでジャングルジムに登って遊びたいと思いますよ。でも、母親の期待を一身に背負って頑張るんです。子どもって純真だね。母に愛されたいがために必死になって、勉強するわけです。

この恐れの感情を抑圧すると、潜在意識に沈んで、未解決な欲となって存在し続けます。すると、大人になってちょっと自分の優秀さが示せない状況に陥ると、恐れが出てきます。

「君、駄目だね。コピーもちゃんととれないの」「いや、そうおっしゃいますけれど、私、東大出たんです」「でも君、東大を出ていてもコピーもろくにとれないんじゃ駄目だよね」などと言われると、もう怖くて怖くて、その人は必死になってコピーをとるわけです。

努力して障害を克服して、ちゃんとコピーをとれたとしても、大元の恐れのインチャがいる限り、決して安心できません。努力して優秀な人間になったとしても、大元のインチャは30点をとって怒られたことが癒えていませんから、ことあるごとに、些細な注意を受けただけでも全面否定されたように感じて、会社を辞めたくなったりして生きにくくなります。

ちなみに、恐れの感情が生じるようになったのは、悲しみの感情を抑圧したからです。愛されずに悲しかったけれど、悲しみを我慢して、愛されるために優秀な子になろうと、恐れで努力したということです。順番があるのです。恐れの背後には必ず悲しみがあるのです。

そして今度は、恐れの感情を抑圧し、怒りで戦おうとします。「たかだかコピーぐらいで何を言っているの、あの上司は」と抵抗しようとします。戦おうとします。戦うというのは、自分が優秀ではないことがばれるのが怖くて戦うわけですね。「いや、私、コピーぐらいとれますって。いっぱい仕事がありましたから、ちょっと失敗してしまっただけです」と必死に言い訳をします。

戦うためには、武器や鎧が必要になります。相手が悪いという「対抗価値観」の武器をもち始めたり、自分は特別な存在だという「プライド」の鎧を着け始めます。プライドをもたないと、自分が駄目だという事実を認めなければならず、否定にも耐えられないからです。

親が怒ったとしても、「あのね、あんたらふたり、頭の悪い親から生まれた私ですから、私だけできるわけないでしょうが」と言ったりするわけです。それが反抗期です。親が子どもを『優れていることは善』という条件付きの愛でしか愛さなかったから、優れようと一生懸命頑張ったけれど褒められず、言い訳できる知恵がつく年齢になって、頑張ることから逃げるようになるのです。恐れて頑張るということから逃げて、怒りで抵抗するようになる、それが反抗期です。

条件付きの愛（優れるための条件）には次の４つがあります。

【１】道徳的に優れていることは善。『よい子は善』。
【２】能力的に優れていることは善。『できる子は善』。
【３】容姿的に優れていることは善。『見た目がよい子は善』。
【４】道徳的、能力的、容姿的に人より優れていることは善。『勝《まさ》っている子は善』。

子どもはこれらの条件付きの愛を受け取ることで、つまり、条件付きの愛で否定されることで、親の価値観で優れようと頑張るようになるのです。それは自分の価値観ではなく、親の価値観を生きるようになるということです。

【1】の道徳的に優れている例として、『行儀がいいことは善』『わがままを言わないことは善』『人に迷惑をかけないことは善』などがあります。泣かないこと、臆病ではないこと、怒らないこと、これが道徳的なよい子です。多くの人が、感情を押し殺し、他人に迷惑をかけないようにと狭っこく生きています。

【2】の能力的に優れている例として、絵がうまい、勉強ができる、スポーツができる、ピアノが上手に弾けるとかですね。

【3】の容姿的に優れている例として、美人である、痩せている、男であることが善などです。日本には根強く、男尊女卑のような価値観があります。昔は、女であることがまるで恥であるかのように考える人もいました。月経があるから神社仏閣に入れないという時代もありましたしね。何だか変な善、価値観があるんです。どうやっても変えようがないのに、容姿で否定されたりしますね。

【4】の道徳的、能力的、容姿的に人より優れていること、勝《まさ》っていることは善という

価値観です。
親は子どもを【1】から【4】のいずれかの条件で愛し、否定します。

子どもはこの世で生きていくために親の価値観を信じ、価値ある人間になろうとします。同時に、駄目だと否定された自分というものも、信じるわけです。「自分は駄目だ」「自分は価値がない」と信じてしまうのです。こうして自己肯定感の低い子どもになってしまうのです。

一方で、子どもは親から無条件に愛されるものと疑いません。幼児や赤ん坊、胎児は、本能的に母に、親に愛されることは当たり前、おっぱいを飲ませてくれるのは当たり前、大事にしてくれるのは当たり前だと思っています。だから『愛されることは善』という価値観は、本能的にもっているものなんだね。

無条件に愛されると思っているにもかかわらず、いずれ親から否定されます。「甘えちゃ駄目」「手伝わない子は駄目よ」と否定される。すると、ものすごくショックを受けます。否定された子は、よく「三つ子の魂百まで」などというように、親の条件付きの愛であるこの世的価値観を引き入れてしまいます。

弟の面倒をみたら愛してもらえるからと、自分が悲しいことは横に置いて一生懸命弟の面倒をみる。野球をして遊びたい、勉強はしたくない。でもそれは横に置いて一生懸命に勉強をする。こうして愛されない状況があると、より一層、『愛されることは善』という価値観の比重が大きくなっていくわけです。悲しみの症状がいっぱい出てきます。多くの人は、もう2、3歳ぐらいで、悲しみにまみれています。

この悲しみとは何かというと、先程言ったように、「愛してもらいたいのに、愛してもらえない悲しみ」です。

自分がよい子じゃないから、優秀じゃないから、見た目がよくないから、女の子だから、弟より劣るから、ようするに、自分が駄目だから、愛してもらえない悲しみです。

そして、悲しみというのは、自分はよい子じゃないけれど、優秀じゃないけれど、見た目もよくない、女だけれど、弟よりもできが悪いけれど「それでも愛して!」「許して!」と泣いているのですよ。泣くということは、許しを求めているわけです。だから、子どもが泣いていたら、もう何があっても許さなければなりません。許してほしいと言っているのだから。でもそんな親はなかなかいません。「お姉ちゃんになってもまだ泣いているの?」

悲しみとは？

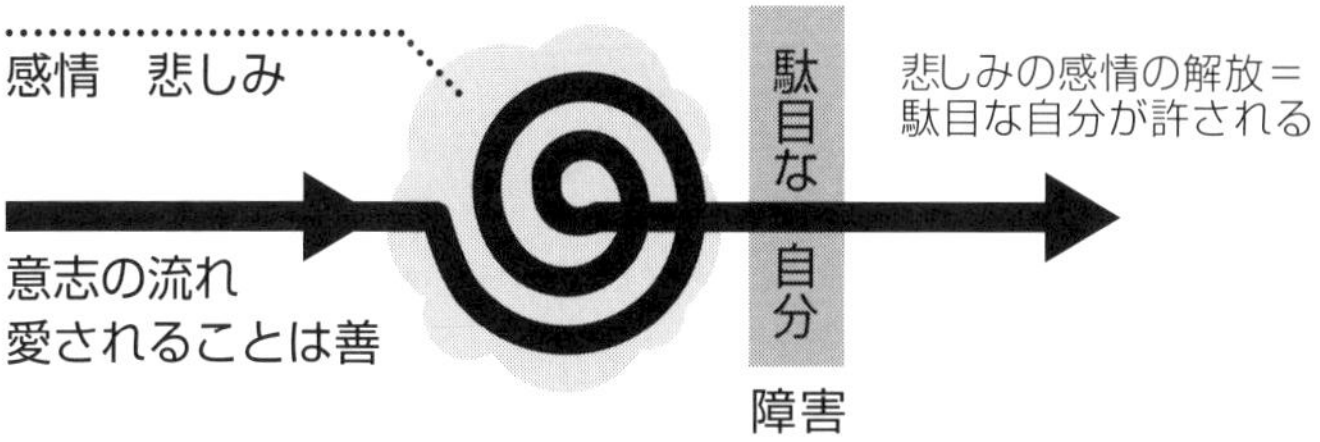

「そんなわがまま言わないのよ」と言われてしまいます。

私の息子もよく、私が作った味噌汁やご飯をお盆にいっぱい乗せて、「お母さん、僕もっていくから」と言ってくれて、「落とすなよ」と念を押したら、「わかっている」と言いながら、ひっくり返しちゃって、煮染めも全部駄目になってしまうことがよくありました。「煮染めを作るのに何時間かけたと思っているんだ！」とは言わないまでも、「だから言ったじゃないか」とつい言ってしまうでしょ。そうすると泣くんですよ。「ごめん、手が滑ったんだよ」と泣きます。でもお客さんが待っているから、「いいから、早くして」と息子の感情を感じてあげることもできず、流してしまう。

できなかったことを許してあげなければ、息子は、ショックを受けたままで、傷になってしまう。当時私自身、そのことを理解できていれば、もっと息子に気をつけてあげられたのですけれども……。

こうして、小さい子どものうちから、親のお手伝いをいっぱいやろうとしては裏目に出て、息子はかわいそうでした。息子が洗濯物を干した後、竿ごと落としたことがありました。シングルマザーで時間がないから、もう一回洗濯なんてできません。だから「もういい、やらんでいい」と断ってしまう。せっかく手伝おうとしているのにね。息子は、「僕は役に立たない」と泣いていました。

そういえば私も、母から役立たずと言われていたなと思い出しました。自分は役に立たないと泣いているインチャ、役立たずは駄目と自分を責めているインチャを癒さないと、同じように自分の子どもや人を責めることになってしまいます。

悲しみの感情は何かというと、涙と共に許してほしいということなんですね。苦しくて、悲しくて、泣いて、許しを請うているわけです。駄目な自分という障害をなくして、『優れていることは善』というこの世的価値観を排出しようとしているのです。どうやって？　許されることによってのみ、排出できると思うのです。

許されることで、その障害は障害にならない。意志の流れを堰《せ》き止めるものがなくなるわけです。許されることによって、無条件に愛されることによって、愛されるための条件である、この世的価値観を追い出すことができるのです。許すこと＝愛です。受け入れる＝愛です。女でも生まれていいんだよ。できなくてもいいんだよ。美人じゃなくてもいいんだよ。よい子じゃなくても、甘えてもいいんだよ。こう言ってくれる親がいたら、この子たちは許されて、とても幸せな人生になったはずなのです。

悲しみという感情は、愛されたいという願いを純粋にするためのものでもあると思います。欲のない願い（インチャのない願い＝障害のない願い）は、純粋な願いになるわけです。愛されたいと思ってもいいんですよ。ただ、優秀じゃない自分が障害と思っている以上、優秀じゃない自分を許さない状態でいる以上、純粋にはならないのです。

弟がいても、自分は愛されたいという思いはもっていていいのです。弟が大嫌い、弟なんかいなくなってしまえばいいと思っていたけれど、弟も愛されていいし、自分も愛されたいと思えるようになれば、純粋な願いとなってすごくいい。弟ができてお姉ちゃんになったけれど、お母さんに甘えたい気持ちがある。今はそんなよい子ではない自分を許してあげようと思えたら、愛されたいという思いは純粋になります。

「お母さんに甘える自分を許して」と泣いて訴えて、お母さんに許してもらえたなら、愛されたいという願いが叶います。しかし子どもは自分が駄目だから愛されないと思っている。子どもを許してくれるお母さんもあまりいない。ましてや胎児は、お腹の中にいて泣くこともできません。

ある人が「この子いらんのになあ、堕ろそうかな。あなたどうする？」「堕ろしちまえ、いらないよ」と言われて、でも産婦人科に行ったら5か月になっていて堕ろせなかったと言っていました。だから生まれたこの子は、ほんの少しのことでもさめざめと泣く子になりましたね。胎児のときに泣くことができないでしょ。お母さんのお腹の中にいるから。

親はその子のことを、ことごとく泣き虫でひがみっぽいと言います。弟は全然ひがみっぽくないのに、なんでこの子はこんなにひがみっぽいんだと。それは当然でしょうよ。産んでやらないと言っていたのをお腹の中で聞いていたのだから。

子どもは親に否定されたら生きてはいけません。大人になったら、親に否定されても生きていける。自分の食い扶持を稼げるから。でも、子どもは親が全てです。親に嫌われることは、死に直結しています。子どもや赤ちゃんが親に嫌われるということは、おっぱいももらえないし、育児放棄もされます。子どもは、愛されないと生きてはいけないのです。だから愛されるように、親の価値観を誰もが引き入れてしまう。お姉ちゃんだったら愛するよ。お母さんを手伝ったら愛するよ。満点をとったら愛するよという、条件付きの愛を受け入れざるを得ないのです。

こうして、あなたの中に親の価値観が引き継がれていくわけです。その子が親になり、また親の価値観が引き継がれていきます。条件付きの愛であるこの世的価値観は、連綿と繋がっているわけです。食い止めるには、インチャを癒してこの世的価値観、愛されるための条件を解放しなければなりません。

このように大元のインチャは愛されたいインチャです。愛されたいインチャは悲しみのインチャでもありますから、この悲しみのインチャがあることで、後の人生、さまざまな場面で愛されなくて悲しむことを体験します。それは、人生は同種療法だから、愛されなくて悲しんでいる、まだ癒えていない傷があるとわかるまで、神様が、愛されない悲しみをどんどんくれるわけですよね。これでもか、これでもかと。

それで、やっと思い出せることがある。「嗚呼《ああ》、4歳のときに弟が生まれて、私はもうお母さんから愛されていないんだと思って、すごく悲しんでいた」。そこまで戻ればいいのです。

そのときに、「寅ちゃん、愛しているよ」と自分で自分に言ってあげる。お母さんから、おっぱいを飲ませてもらえず、辛い思いをした過去があるなら、お母さんが「いいよいいよ、こっちにもおっぱいがあるから、お姉ちゃんはこっち、ベビーはこっち」と言ってくれるイメージをします。イメージだったら何でもできるでしょ。イメージの中で願いを叶えて、その傷を癒してもらいたいわけです。

今、自分が愛されずに悲しんでいる出来事、たとえば、恋人に失恋して悲しんでいるとか、上司に受け入れてもらえず悲しんでいるというのは、実は小さい頃、母親に愛されず悲しんでいる、その悲しみだと思ってください。そこに戻ることがとても大切です。悲しみの感情を抑圧するということは、愛されたい願いを抑圧することになります。泣くなと言われ、泣くことができなかった。愛されたいと願うことは、甘えでありわがままであって、人間的に未熟な赤ちゃんや幼児のすることだと言われて、子どもなら誰でももっている『愛されることは善』という価値観を否定してしまうわけです。

「僕はもうお兄ちゃんになったから泣かないよ、お母さん」「私、お姉ちゃんになったから手伝うよ」と言い始めたらこの子、病気だ。この世的価値観に侵されているんだ。本来、子どもがそんなことを言うわけがないからです。

【1】『道徳的に優れていることは善』。道徳的に優れることとは、自分の正直な気持ちを抑圧して生きることです。頑張ればできるけれど、それは、自分の気持ちに対し不正直であって、嘘をついているんだということはおわかりになりますでしょ。

あなただって、本当は子どもが帰って来るまでに、ひとりでおいしいケーキを食べたいでしょう？　なのに子どものために置いておこうとしますよね。だから自分が分裂しちゃうのです。食べたい自分と、子どものために置いておこうと思う自分。子どもがばくばく食べている。生つば飲んで「おいしい？」と聞くと「なんかお母さん、食べたそうだね」と言いながら、でもくれない。おいしいからね。そんな感じですよ。

こうして自分を偽り分裂させて、食べたいのに食べなかった。子どものために取っておいた。親としたら素晴らしい。けれど、この場合、子どもはケーキがあることを知らないのだから、食べちゃえばいいのです。

よい子という偽りの自分を作って生きるというのは、我慢すればできますが、我慢にも限界があります。我慢し過ぎればいずれ精神的な障害を起こします。葛藤の中で苦しい人生になると思います。だから、よい子インチャを癒して、道徳的価値観を緩めていってほしいというのが、私の願いなわけです。

道徳的にとても優れている人たちは、子どもを叩いてしまうお母さんに、「子どもは大事ですよね。愛してあげてください」「叩かないように」って言うでしょう。でも、そんなことは言われなくてもわかっている。そう思っていても、つい手が出ちゃうんですよ。これは仕方がないのですよ。

だから、つい子どもを叩いて叱ってしまうという方が、私のところに来たとき、「私も叩いていたんだよ」と答えましたら、その奥さん、目をキラキラさせて「治療家にそんなこと言われたのはじめてです」と言っていました。

でもね、叩いてすっきりした後、子どもに「ごめんね、叩いてごめんね」と真剣に謝るんだ。私が、息子にそうして謝ったときは「お母さん、もっと謝れ」と言うから、「本当にごめん」と謝って。「お母さん土下座して謝るんだよ」と言うから、「そこまで言うんかい」と思ったけれど、そこで怒らずに、やったのですよ。これで気が済んだだろうと言ったら、「お母さん、僕はグーで殴られたことがあるんだよ」と言い出しまして。「なに？ そうなん、じゃあいいよ、叩いていいから」と言いましたら、まさかやるとは思っていなかったけれど、グーで殴るのですよ。「どう？　どうなのこれ、痛かったけれど」「ね、お母さん、痛いだろ」「うん、痛い」なんてやりとりがあって。「これでおあいこだよ」となった話をしました、その奥さんに。

奥さんは「大人の沽券に関わると思って謝っていなかったけれど、相手が子どもでも謝ればいいんですかね」と聞かれましてね。

「大人と思って謝るんだ。それで気が済まなかったら叩いていいよって」「ちょっとボコボコにされるかもしれないけれど、それがあなたが子どもにやった度合いだから」と言ったら、すごく私のことを信頼してくれましたね。

道徳的に優れていることは善、よい子が善という価値観を強くもっている人は辛いですね。たとえば『電車の中にコーヒーの缶を置いていくことは悪』という価値観から、電車に缶を置いて行った若者に「はい。これ忘れ物です」と届けて、殴られそうになった人もいます。

だから道徳的な善をもっていると、生きにくくなるのです。「まったく、こんな大衆の面前でキスして」とか、「人が待っているのに早くせんかい、バスに乗るならコインは用意しておけよ」とか、日本には道徳的にいろいろあるじゃないですか。以前、私、バスに乗るとき「降りるところから入ってきやがって」と怒られましてね。地域によって乗り方が異なりますから、どっちから乗っていいかわからなかっただけなんですがね。

インドなんて、バスに人間が乗り切れないからと、片手でつり革を持って、片手で他の人を支えて乗っているのですよ。定員オーバーもいいところ、しかも誰も、お金を払っていない。どうしたもんでしょう。

この「道徳」というものに、日本人はすごく厳しいですね。

感情をさらけ出すことは恥ずかしいことだという道徳感をもっている人、未熟だからだよという人、もしこの会場にいらっしゃったらお帰りください。ここは泣こうじゃないか、怒ろうじゃないか、嫌みを言おうじゃないかという場です。だから、きれいごとでは済まない。自分の醜いところが滲み出るのです。見るのも嫌になるの、インチャ癒しをやると。「えー、こんな風に、ぶっ殺したいと思っていたんだ、自分は」と。でも蓋を開けるしかない。そう思ったことは事実なんだから。自分に正直になることです。

インチャてんこ盛りの私は、トラック5杯分の寅ちゃんがいるんですよ。いや、もう、インチャ癒しをやってもやっても、次から次へと出てきて、しまいには、嫌になってやる気にならない。なぜなら自分の嫌なところ、嫌なところを全部突きつけられるから。自分が愛されなかったところを全部突きつけられるでしょ。インチャ癒しは本当に逃げたくなるんです。それをぐっと逃げずにやることで、自分自身を救うことができる。だから苦しいけど「皆さんもやりませんか？」と私は問いかけているのです。

【2】『能力的に優れていることは善』。努力したらピアノもバイオリンも弾けるようになるでしょうよ。努力すれば報われる部分もあります。でも果たして君はエンジョイできているのかということ。「君はそのピアノ、好きか？」「君はそのバイオリンが好きか？」子どもに聞いてみてください。「君は塾に行くのが好きか？」「いや、遊びたい」と言うよ。好きならいいのですよ。でも、親自身が学歴コンプレックスやピアノに対するコンプレックスがあって、子どもにガンガンやらせるわけです。そうして、努力してなんとかなる場合もあるけど、なんともならない場合もあるわけ。才能がなかった場合ですね。でも親は、その子の才能なんか気にもせず、親自身のコンプレックスを解消しようと、子どもに押しつけてガンガンやらせる。子どももまた「自分は駄目だから頑張る」という形になります。子どもにとって非常に苦しい人生になりますよ。これが、『能力的に優れていることは善』という価値観です。

【3】『容姿的に優れていることは善』。容姿的に優れようとしても限界があるのです。太っているだけなら、食べるのを我慢し、頑張れば痩せられるかもしれません。でもまた太ってしまうでしょう。心が満たされていないからです。不美人であったら、化粧をすれば美人のようにみせることはできるかもしれません。だから一生懸命メイクしたり、エステに行ったりするけれど、それも限界があると思うのですよね。造形は変わりませんから。整形するほかなくなるわけです。すると、どうして親から、神様からもらったこの顔を嫌がるのかと、神様が悲しむのです。

この世的価値観が蔓延するこの世では、不美人だともてません。不美人だといい職業にもつけません。男の人が美人ばかり求めるから。心が大事なんです。それを見抜ける男性が少ないのです。

こうして、容姿的に優れようというのは限界がある。ましてや、女の子が男の子にはなれません。女性性を否定された女の子は、とても苦しい人生になります。

跡取り息子がほしかったのに「また女か」と言われた子は、刈り上げたり、ズボンをはいたり男みたいにふるまう。実際、私がそうでした。生活のために山仕事をしなければいけないから、木を切ったり、ミカンの入った重い箱を担いだり、肥やしを持って山に行く。

当然、女では力不足なんです。だから母自身が、「女では駄目だ」「女である以上貧乏になるし、月経もあるし、女は汚い」と、そんなことばかり言うから、本当に男みたいにふるまっていましたけれど、結局、男には敵わないし、男にはなれませんでした。
月経が来たときに私は泣いて、死のうかと思ったのです。母が大嫌いな「女」になってしまったことを言えないまま1年が経って、駄菓子屋のおばちゃんが「寅ちゃんがナプキンを買いに来るんだけれど」と母に言って、母が初めて知ったというね。だから、赤飯なんか炊いてくれなかった。女になって、赤飯を炊いてくれたという話を聞いたときに、私、涙が出ましたよ。そんな親がいるんだなって。赤飯を炊いてくれるのか、巷は。振り袖を買ってくれるのか、巷は。いい年になったらお見合い相手を探してくれるんだね、巷は。いらん子だった私にはそんなの全然なかった。

【4】『勝っていることは善』。近所のよい子やできる子や見た目のよい子と比較されたり、兄弟で比較され、競争に勝とうと頑張りますが、結局負けてしまいます。そしてしまいには自暴自棄になって苦しい人生になってしまいます。

このようにして、子どもが親の価値観、愛されるための条件を信じ、道徳的・能力的・容姿的に優れようとします。それは自分の価値観を抑圧して、親の価値観を生きるということです。人生、苦しいと思います。

親の価値観で駄目と否定された子どもは、自分は駄目だと信じてしまい、愛されたい、許してほしいという悲しみを感じているものなのです。その悲しみが抑圧されると、許されるチャンスもなくなります。「何めそめそ泣いてんの！」と怒られて、泣くこともできない。価値観を解放するチャンスも失われ、親にとって価値のある子どもになろうとします。

たとえば、『勉強できることは善』という価値観を信じて、優秀な成績をおさめることを目的とするような人生になるわけです。そういう人は、勉強ができない他の人を蔑みます。でも、勉強ができない他人というのは、勉強ができない自己の投影なのです。結局、勉強ができない自分を蔑んでいるんだよね。そして、より勉強ができるようにと頑張るわけです。今の日本の競争社会が終わらないのは、こういうことなのかもしれません。

問題は、愛されない悲しみのインチャがいるということです。

このインチャは、優秀ではない、駄目と否定された子です。このインチャ、駄目な子が

恐れとは？

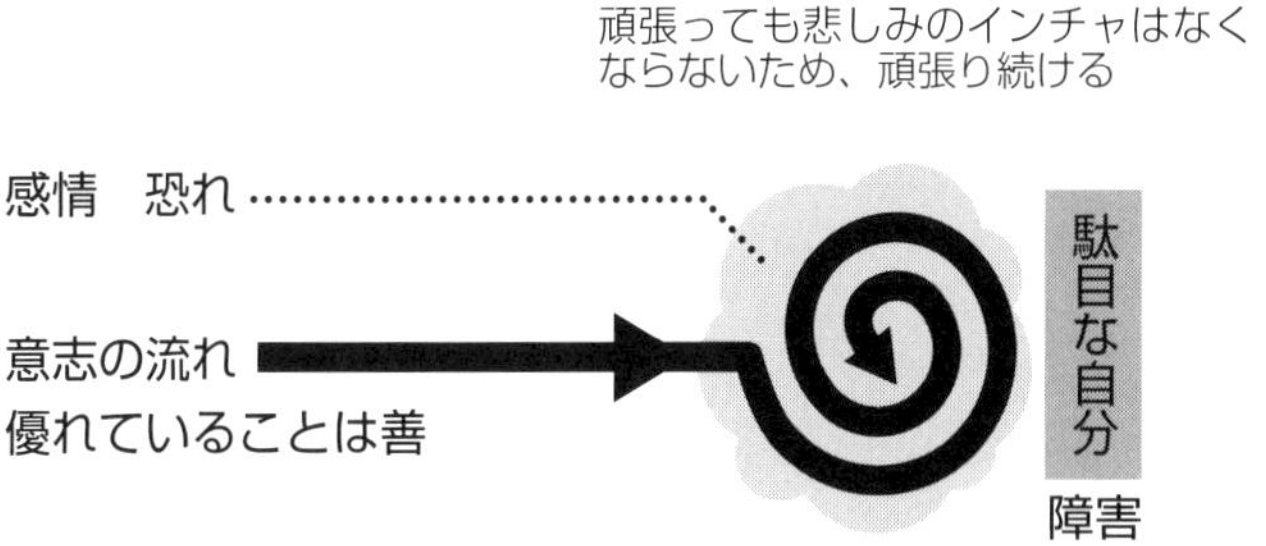

障害となって、優秀になろうとする意志の流れを妨げてしまいます。

勉強ができない駄目な子、自分が駄目だと信じている自分自身がいるために、どうしてもその駄目な子が浮上してきて、障害となるのです。その都度『勉強できることは善』という意志の流れが堰き止められます。こうして生じる感情が、恐れです。愛される価値ある存在になれない恐れ。優秀になれない恐れ。よい子になれない恐れ。この恐れは、駄目な自分を排除しようとする原動力にもなりますけれどね。

なぜ怖いのか。優れた子でなければ愛されないからです。条件付きでしか親は愛せませんからね。大体、無条件で愛せるような親のところには、子どもは生まれません。だって、真綿に包まれて優しくされて、苦しいことも何もない人生だったら、この世はなんでこんなに苦しいいんだろうと心を鑑みたり、自分はどうやって生きたらいいんだという苦悩もないでしょう。苦悩することで、あなたは人として成長するんだよ。「苦」がいけないというのもこの世的価値観なのですね。

恐れの感情は、駄目な自分を排除しようとします。駄目な自分というのは、愛されたいインチャです。駄目で愛されず泣いているインチャです。みんな頑張って、頑張って、体がぼろぼろになっても、優秀になろう、よい子になろうとします。でも、自分は駄目だから頑張る、優秀になるという考え方では、頑張れば頑張るほど駄目な自分というものが否定されるわけです。つまり、アクセルとブレーキを同時に踏んでいるようなものです。自分が駄目だから＝ブレーキ、頑張る＝アクセル。これを続けていれば、いつかオーバーヒートしちゃいますよね。死に物狂いで頑張って優秀になる。そのためには、すごい労力が必要になります。

「自分が駄目だから」ではなくて、「自分は今は駄目だけど、でも今よりよくなりたいから」と思えたら、すごく楽に生きられるのですよ。駄目な自分を否定しない。受け入れて、よりよくなることを目指せたら、駄目な自分は障害とはならないし、恐れの感情も生じないのです。恐れの感情がないので、無理して頑張るということがなくなります。純粋に優秀になりたいからやるという形になるんですね。よりよくなりたいからというのは自分を責めながら努力するというマイナスからの出発じゃない。ゼロからの出発です。

「今回テストで30点しかとれなかったけれど、次は40点ぐらいとってみたいな」と思って、よりよくなりたいというのなら、ブレーキがないのでぐーんとアクセルを踏めますね。障害を障害と思わなくなれば、意志がどんどん流れていきます。たとえ障害があったとしても、その人にとっては障害じゃないんだよ。自分のできないところを教えてくれるありがたいもの、よりよくなるためのものになるんだね。いずれ、その願いは純粋なものになりますから、こういう子は、ものすごく賢くなっていきます。

うちの娘は小学4年生になるまで、通知表は1と2ばかりでした。それでも私は、一度も勉強しろと怒ったことがないのです。娘はもちろん、遊んでばかりです。勉強は何もしない。

私自身、親から勉強しろと言われたことがない。山に行って働けとは言われましたけれど。自分の娘にはもちろん、働けとは言いませんが、遊んでいい、好きなようにしていいと言っていました。おかげで、すごく健康な体ができあがりました。私にとって、子どもが健康な体になってくれる方が大切なのですね。勉強ができることより、何よりも。魂の乗り舟である体が健康であれば、魂の宿題をこの世でやれるだけの体力ができるからです。

娘は、5点といった驚愕のテスト答案を持ってくるのです。恥ずかしげもなく、堂々と持ってくるんです。私はそれを見て、「あー、5点だったかー」って。そのまま。本人も、点数のことを気にせず、また遊びに行くわけです。

ところが、次のとき、10点とってきたのです。

「あれ、すごいね。10点もとっている」「お母さん、みんなは90点以上とっているんだよ」「いやいや、いいんだよ。以前の5点よりはいいじゃない、すごいな、おまえ」と娘に言って。娘も、「なんか照れるな」なんて、そんなやりとりをしていました。

それが功を奏したのか、今度は30点とってきたのです。「え！ 嘘だろ」と驚きました。どうやら、私に褒められたことが、すごく嬉しかったらしくて「お母さん、私、これから宿題をやろうと思う」なんて言い始めちゃって。「そんなのやらなくていいから遊びに行きなさい」と言っても「お母さん、私がやるって言っているんだからやらせてよ」と言うんです。「本当にしたいの？」「うん、したいんだよ」となりまして。すると、どんどん頭がよくなっちゃって。本人もそれが楽しいらしく、小学6年生の通知表は、5だらけになりましたね。

だから、優秀でなくてはいけないと、しつこく言わなくてもいいんです。

頑張って優れたとしても、それは流れに逆らっているのですよ。ものすごい動力が必要で、いつか疲労困憊《こんぱい》になって、精根尽き果ててしまいます。頑張ることの本質は、駄目な自分を否定して排除しようとしていることだから。駄目で愛されず泣いているインチャを嫌っているわけです。自分の優秀でないインチャを愛してあげていない。

本当に優秀になりたいなら、どうしたらいいか。お話ししたとおり、10点でも自分を責めずによい点数をとりたいと、願いを純粋にすればいいのです。それは、願いをもちながら障害を障害と思わないようにするということです。

自分がよりよくなるためにやる努力というのは、重くないのですよ。自分がまあ、それなりの顔だけど、よりよくなろうと思って努力して、おしろいを塗ったりするのは、かわいらしいじゃないですか。自分はものすごく不細工だから、白塗りしなければならないとなると、全面否定からの出発だから、ものすごい労力が必要となります。

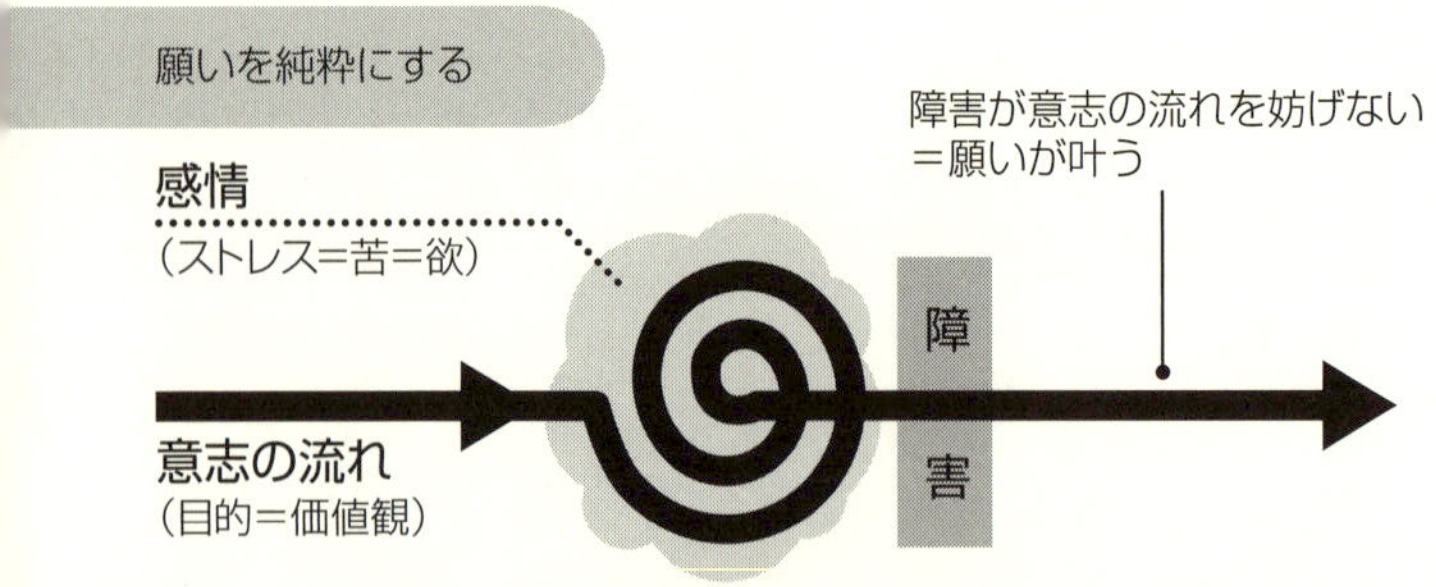

障害を受け入れていくことで、願いが純粋になっていき、
この世的価値観が霊的価値観に変化し、願いが現実化する

ひとりひとり、個性があります。顔も体も心も。ひとりひとりが素晴らしい魂をもって生きているわけです。ひとりひとりが美しいわけですよ。壇上から見ていてもそう思います。自分のよさを、自分でわかっていない、知らないんだよ。だってお母さんが「あんたは不細工だし頭も悪いね。妹は美人で賢いのにどうして？」って言うから。「私から、どうしてこんな汚い子が生まれたの？」こんなことを言うお母さんがいるんだよね。子どもはそれを信じちゃうんです。

だから親が、子どもを優秀にするという目的の達成のために、障害となることを障害と感じさせなければ、子どもは勝手にどんどん優秀になるんだということ。純粋に、勉強したくなるからです。

好きだからやる、やりたいからやるという行動ではないことが問題なのです。好きなことをしているなら、アクセルだけをふかしていけばいいわけです。進んで行くには。この間は30点だった。今度は35点にしよう。40点にしよう。願いを純粋にすればいいのです。

だからお母さん、怒らないんだよ。「そう、20点だった、いいじゃない。20点もとれたら」「お母さん、25点」「いやー、5点上がったすごい」30点、40点、上がっていき「お母さん、お母さん、50点とれたよ」「すごい！　半分もとれたのすごいじゃん。君、昔は20点だったんだよ。すごいすごい」と言ってあげてください。いずれ100点をとるようになりますよ。

自分はここが不得意だからやってみよう、やってみたら面白い、もっと解いてみようと本人が思うようになったらいいのです。娘は眠たくなったら、疲れたら寝ていましたよ。でも、すごく点数が高くなければいけないとなると、寝ていられなくなっちゃうんですね。

障害がなくなれば、意志の流れを妨げることもありません。意志の流れは目的に向かってどんどん流れていきますから、どんどん賢くなるのです。最後は願いが純粋になります。

この世的価値観から霊的価値観になっていきます。否定するということは、この世的価値観をもっているということです。霊的価値観には否定がありません。悪のない、善だけの世界です。意志の流れがよどみなく流れることによって、意志の流れに基づく行為そのものが自然に行われますから、現実がどんどん目的に近づいていくわけですね。

そして願いは成就します。叶います。努力によって目的が現実化するのではないのです。たとえば『勉強できることは善・勉強できないことは悪』というこの世的価値観に感染している人は、その障害に遭遇する度、テストで30点しかとれず否定された過去の障害が出てきて怖くなります。それを癒さなければならないのです。

お母さんの「30点では駄目だよ」「そんな点数の悪い人間いないよ」という言葉は横に置いて、あのときはめいっぱい頑張ったんだからいいんだよって、自分で自分を許してあげられたら、先へと進めます。

子どもにはそれができない。ただ、大人ならできる。インナーチャイルド癒しは、子どもには無理です。5歳の子に2歳の頃を思い出してやってごらんと言ってもできません。だからこそ、子どもは、はしかや耳下腺炎、水疱瘡《みずぼうそう》、百日咳などの子どもの罹《かか》る病気に罹って、熱を出したり、湿疹や咳といった、症状として出しているのです。そうすることで、この世的価値観に感染した「自分は駄目だ」というのが、スコンと楽になります。

熱を出した後の子どもって、精神的にすごく成長しているのですよ。「お母さん、前はそう言ったけれど、僕はこう思うよ」なんて言うようになるのです。「何これ！」というほど、一皮剥けるのです。子どもは子どもの罹る病気などの感染症によって、インチャが昇華されているのですよ。これは自分の価値観じゃない、お母さんの価値観を引っさげていたんだって、排出していく。素晴らしいでしょ。感染症に罹らなくてもホメオパシーの病原体のレメディー（ノゾーズ）でも同じようなことができます。だからこそ、ホメオパシー的予防が可能になるのです。

大人になって子どもの罹る病気に罹るということは、出し切れていないものがあるということです。どんどん罹って、どんどん出していきましょう。

純粋な自分を手に入れるためには、駄目な自分を許していくしかありません。駄目な自分を許したら、あなたは純粋になっていくのです。すると、霊的価値観に移行できる。『勉強できることは善、だけど勉強ができなくても愛するよ』ということです。そうなったら楽でしょ？　この世的価値観の『勉強ができることは善・勉強できないことは悪』となったら苦しいでしょ？　体調が悪かったり、苦手な問題が出たらできなくてもしょうがない、苦手なところを克服していけばいいと思えれば、すごくいいと思います。

こうして、苦手だな、できないなという障害は受け入れましょう。お兄ちゃんよりできない。自分はどうもAさんより不美人だ。その障害を受け入れよう。いいんですよ、不美人でも。魂や心が汚いのが一番苦しいと思います。そうやって受け入れていくと、堰き止めるものは何もなくなりますから、願いだけが純粋に流れていきます。このとき、30点はもう障害じゃありませんね。よりよくなるための踏み台ですから。

こんな風に、自分の弱いところを教えてもらうには、成功するには、多くの失敗が必要ですよね。失敗は成功のもとです。できるようになるためにはできないところ、現実を見ていく必要があります。責めずにね。目的を達成するための道しるべで、ありがたいものです。この道理が、子育てしている親もわかればいいのですが、なかなかわからないんだよね。

『勝つことは善』――怒り

いくら頑張っても親が認めてくれないときにはどうしたらいいか？

愛されない悲しみのインチャを抱えたまま優秀になろうとすることは、駄目な自分、悲しみのインチャを否定することになりますよね。流れに逆らって進むようなものですから、どうしても、頑張って努力するという、苦しみを伴うものになります。駄目な自分では愛されないからですよね。嫌われたくないと、恐れるわけです。そこに平安がありますか？　ありませんね。

駄目な自分に直面したくないから、逃げているのです。逃げるための努力をするわけです。でも、頑張れば頑張るほど、駄目な自分をより強く否定することになりますから、恐れもどんどん大きくなって、もっともっと頑張らなければ、より頑張らなければ……きりがありません。さらに、いくら頑張っても親が認めてくれないとどうでしょう。「70点か。駄目だな。共通一次のためには、80点でなければ」と言われると、もう頑張れません。

では、どうしたらいいか。

【1】自分が駄目であることを認め、受け入れる。悲しみに戻る。
【2】頑張ることから逃げて、自分を駄目だという相手と戦う。怒りに進む。
【3】頑張ることから逃げて、駄目ではない自分をつくり、責める。自己卑下に進む。

まず1番、自分が駄目なことを認め、受け入れましょう。1番は悲しみに戻れるから、素晴らしいと思います。最初は「愛されない」悲しみだったのだから。ただ、悲しみに戻っても、子どもの頃は自分で自分を癒す力、インチャ癒しをする力がありません。かといって、悲しみに戻って親に許しを求めて泣いても、おそらく親は許してくれないでしょう。だから必然的に2番、頑張ることから逃げて戦うことになるのですよ。頑張ることから逃げて、相手が悪だとして戦うという、怒りに進んでいきます。また、よい子でいることも、能力にも限界がありますから、いずれ行き詰まります。やはり、怒りで抵抗するしかなくなりますね。

抵抗できない人は、3番の、自分を分裂させて新たに駄目ではない自分をつくり、駄目な自分を責める方向にいきます。自己卑下、自己否定ですね。これは、怒りが自分に向いた形です。駄目な自分を認めているかのように見えますが、自分を責めている以上、駄目な自分を本当に認めることからは逃げているのです。駄目な自分を認めるよりも、駄目な自分を責めている方が楽だからです。駄目ではない自分がつくられると、駄目な他人に対して怒りを感じるようになります。この駄目ではない自分は一種のプライドです。

さて、怒りです。恐れの感情を抑圧すると、怒りで戦う段階に移行します。どうやって戦うの？　戦うためには武器が必要です。それが対抗価値観、プライド、大義名分、言い訳、被害者意識などです。

怒りというのは自分を正当化するための感情で、駄目な自分から逃げているのです。頑張ることから逃げて、自分を正当化してくれる価値観を借りて、戦っているということです。

優れたいという願いを否定し、優れていなくてもいいんだと反骨意識が出てきて、頑張らなくてもいいんだとか、自分は特別な存在だとか、自分はすごいんだとか、親が悪いんだとか、世間が悪いからこうなったんだとか、対抗価値観やプライドといった価値観を形成し、親の価値観を否定します。

「父さん、母さん、あんたらの知能指数を受け継いだ息子が、勉強できるわけがないだ

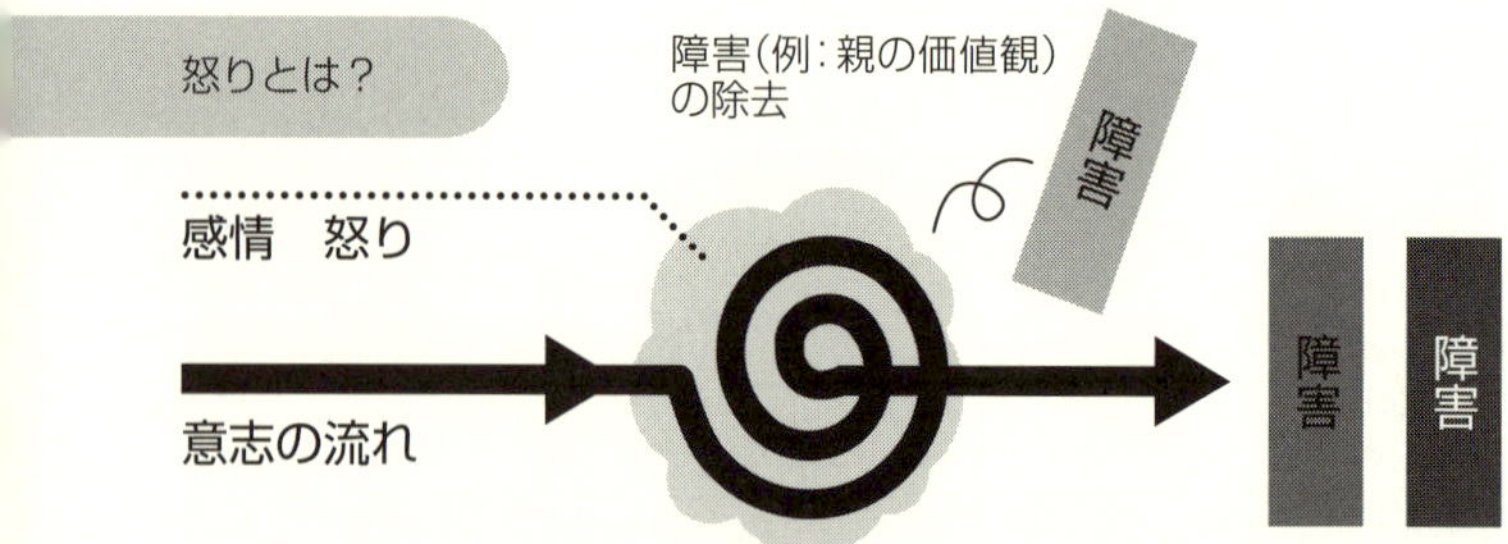

例：怒りで親を打ち負かしても、親の価値観を信じている優秀インチャがある以上、その投影として新たな障害が生じてくる

ろう」と、反抗期が始まってくるわけです。頭が悪いのは遺伝だから、自分の責任じゃないと言うわけです。「数学ができなくても俺、サッカーができる。何が問題あるんだよ」と言ったりします。

戦いを挑むわけですから、当然、自分の意志を通そうとします。通すためには、相手の価値観が障害となって、意志が凝集し感情が生じます。そのときの感情が怒りなのです。

私の会社にいる社員の話をしてもいい？　私が静かに本を書いているときは、大体いつもこの人は大声なんだよ。前々から思っていたのだけれど、特に、集中して本を書いたり授業準備をしているときに出される大声が気になって仕方がない。私から離れた席に座っているのにね。なるべくこの人は遠くの席に座ってもらったのです。集中できないから。それでも、ガンガン聞こえてくるのです。

「あの、申し訳ないけれど、静かにしてくれないかな。やっぱり集中できないから声小さくして」と言ったら「あっ、声大きかったですか」と言いながら、何だか不服そうなんです。顔を見たらわかるんですよね。

案の定、「これから病院に行ってきます」と言い出しました。「なんで?」「声帯切ってきます」「いや、私は静かにしてくれと言っただけなんだけど」「だから声帯を切ってきます」「君、怒っているよね?」「いや、怒っていません。声帯を切ればいいだけのことですから」

こいつ何を言っているのって思って「君、インチャをちゃんと見つめた方がいいよ。私、ちょっと静かにしてくれないかと言っただけなんだよ。はい、静かにします。少し声が大きかったですねと言えばいいだけでしょう」と。それができない。注意されると悔しくて、できないんですよ。

こういうことですよ、対抗意識って。頑張ることからも逃げて、自分を正当化して「何が悪い」「この声帯が悪い」と言うわけですよ。

でもね、よかったなと思ったのは、私もそのときにムッとして、文句を言いたくなったんです。だけどちょっと待てよ。私、これ試されているな。神様が見ているなと思って、般若心経をしてから戻りました。

「さっきね、君の言葉を聞いてムッとして言い返しそうになったんだよ。でも君も私も、そういうインチャがあるってわかったので、これは許さなきゃと思ったんだ。大きな声を出していいよ」と言ったのです。そうしたら「さっきはすみません。本当に自分は声が大きくなっちゃうんです。相手にも、高飛車になるときがありますから」と。私が折れたら向こうもひゅーっと折れてくれまして。よかったです。今も声は大きいですけど、以前より少し小さくなったように思います。

人間関係がよくなりますから、ぜひインチャ癒しをしてほしいと思います。そして私も、うるさい人は嫌だというインチャと、人が集中しているときは静かにすべきというこの世的価値観を外していこうと思います。そして、もっともっとこの人を愛する力を増やしていこうと思います。

注意するときには、そこに愛があるか、今一度自分に問いかけてみることですね。

子どもの抵抗は、反抗期でもあります。反抗期はあった方がいいんですよ。自分を保つためには。子どもは、インチャ癒しなんか知らないし、自分に優しくなんてできない。それに、予防接種もばんばんやっているから症状としても出せない。反抗せずに親の言いなりになっていると心が壊れちゃうんだ。だから反抗期に、反抗した方がいいわけです。反抗できないと、恐れて頑張り続けてぼろぼろになるか、怒りを抑圧して深い悲しみ、無力感、敗北感を感じるようになってしまい、いずれ、恨みや憎しみになっていくでしょう。だからまだ、怒っている方がいい。反抗期があるということは、健全であるということです。

怒ると「おまえな、怒るというのは人間の器が小さいからだよ」などとお父さんに諭されますよね。それに対して「俺が？　この間も子犬助けたぜ。器が小さい人間がやることか？」と反論します。だけど、さらにいろいろ言われるわけです。「おまえがそうやってイライラ怒るのは見ていられない」「おまえがいるから家族みんなが迷惑する」と言われて。すると、自分が悪いのかと思い始めて、怒ることを抑圧し始めます。戦いたいインチャ、打ち負かしたいインチャ、「自分は特別なんだ。すごいんだ。それを認めないおまえらが悪いんだ。俺のよさをわかっていないじゃん」という気持ちを抑圧します。渋々怒りを抑圧しますから、やがて恨みや憎しみに入っていくのです。

もともと、『愛されることは善』という価値観がありましたよね。愛されたい、けれど、

インナーチャイルドの階層構造　感情と価値観の変遷

【1】愛されることが善	→ 愛されたい	**悲しみ**
↓		↓
【2】優れていることが善	→ 褒められたい	**恐れ**
↓		↓
【3】戦うことが善	→ 打ち負かしたい	**怒り**
↓		↓
【4】負けることが善	→ 負けるしかない	**無力感**
↓		↓
【5】服従することが善	→ 服従するしかない	**憎しみ**

愛されなかった。すると、悲しみが生じます。自分が愛されるために、条件が付きましたよ。

『優れていることは善』褒められたいです。評価されたい。評価されないと恐れになりますよね。より頑張って評価されようとします。

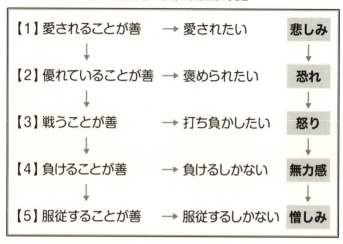

『戦うことは善』打ち負かしたい。勝ちたい。勝たなければいけない。今度は、怒りが出てきます。だけど負けちゃった。そうやって、おまえがいるから家庭内がうまくいかないとかいろいろ言われちゃって、怒ることを抑圧します。

すると、無力感に陥っていくわけです。じゃあもう何も言わないよ。どうせ俺は何もできない駄目なやつなんだ。だから負けるしかないからと、無力感に覆われていきます。とうとう登校拒否児になってしまう。これは『負けることは善』無力感ですよね。

このように登校拒否児になるほど心が荒んでいるのに、さらに親から「学校に行かないのはろくでもない」とうるさく言われて、渋々学校に行くようになる。学校に行きたくない、勉強したくないという気持ちを抑圧して渋々学校に行き、勉強するようになると、憎しみになっていきます。渋々、従わされている。渋々、首に縄をつけて学校に行かされているという状態。牛みたいな感じ。かわいそうだね。

ようするに、服従するということです。生きていくためにもう、親に服従するしかなかった。そうすると、腹に一物もったまま、深い憎しみをもったまま渋々服従しているわけです。生きなければならないから。

これが感情の変遷です。皆さん、どうですか？　恐ろしいと思いませんか？

特に、悲しみ、恐れ、怒り、このような変遷があるんだということを頭に入れておいてください。

第2章　由井寅子の人生にみるプライドの変遷

私自身の、人生の変遷を見ていきましょう。

私がまだ母のお腹にいた、3、4か月ぐらいのときに父が死にました。生まれる前から絶望的な状況でした。父親がいない上に、すでに3歳と7歳の子がいたので、赤ん坊を身ごもってしまったら、働けなくて、お金が稼げず死んでしまいます。働き手が母しかいないから、食い扶持はひとりでも減った方がいいので、母としては私を産みたくなかった。だから、私を堕ろそうとして、お腹を叩いたり、冷たい海で泳いだり、重い石を持って踏ん張ったりしましたが、堕りなかった。私の人生は、最初からいらん子人生だったわけですね。自分の存在価値はないと、胎児のときから思っていたのですよ。絶望ですよね。

そのときに、もしレメディーがあったら、叩かれたときにはアーニカ（Arn.／ウサギギク）がいいですね。私は生まれたときからずっと節々が痛かった。リウマチ、関節炎のように痛かった。なんでこんなに痛いのかわかりませんでした。でも6歳ぐらいのとき、「おまえを叩いたんだよ。腹にいるときにな」と言われまして。大人になって、嗚呼、この傷が癒えてないんだとわかりました。

母は、叩いても駄目ならと、今度は冬の冷たい海に入って堕ろそうとしました。寒かった。これはアーセニカム（Ars.／ヒ素）が合います。次に思い切り重たい石を持ってうん、うんと力んだのだけれど……。

そうやって、堕ろされ掛かるという死の恐怖ですね。これにはアコナイト（Acon.／トリカブト）がいいですね。自分は価値もないし、生きていてもしょうがないと思ったとき、死しか考えられないときには、アーセニカムがいい。当時、こんなレメディーがあったらよかったのですけれど、知りませんからね。

「この子はいらん子だ、父親もいない、貧乏だし、邪魔な子だ、生まれないでほしい」。これが母親の価値観ですね。私の価値観は、母親の価値観をそのまま信じますから、「自分は存在価値がない。自分は生きる価値がない。自分は生まれない方がいい。自分はいらない子で迷惑な存在だ」と、3か月の胎児のときにもう絶望を感じたはずなのですよ。

でも、生きる意味があったのですかね。堕りないのですよ、これが。

生まれることになってからも、絶望は続きます。

私が10か月で、まだ母親のお腹の中にいるとき、婆ちゃんと母親が話している。「この子は男の子だから寅義《とらよし》にしよう」。父が死んだから、父の名前をそのまま引き取っていこうと話しているんです。「寅義だ。絶対、男の子だから」。しかし取り上げたら女の子だったわけです。女の子の名前なんて用意していないから「まあいいや。寅子じゃ」と決まったわけですけれど。婆ちゃんが、取り上げたとき、女の子だったショックで落としそうになったと言っていました。女はいらんわけです。婆ちゃんも女が嫌い、母ちゃんも女が嫌い。自分のことはさておいて、女なんか山仕事もできない、ろくでもないという感じでした。だから私という存在は、迷惑そのものでした。それにいいのはネイチュミュア（Nat-m.／岩塩）です。自分が相手を不愉快にすると思う人に合うレメディーです。素晴らしいでしょ。このとき必要だったのですよ。

男でなければならなかったのに、女だったのです。一層、嫌われるわけです。ロドデンドロン（Rhod.／シャクナゲ）は、台風のような人生というのがテーマです。ロドデンドロンをとっておかないと、こういう子はリウマチになりやすくなります。私の股関節のように関節がおかしくなってしまうことが多いのです。ですから、男の子がよかったのに、なんで女の子が生まれたんだとか、女の子がよかったのに、なぜ男の子が生まれたんだと言われた人たちは、ロドデンドロンがいいですね。

自分は生きる価値もない。女で生まれたから、価値がないんだ。やっぱり次は、悲しみですよね。

生まれてきて、大事に扱われると思ったら、いらん子だから、おっぱいを飲ませてもらえないんですよ。おっぱいに唐辛子を塗られて……。粘膜もしっかりできていないのに。「辛いよ、痛いよ、頭もズキズキ、ガンガンするよ」。でもおっぱいが飲みたいから、必死にしがみついていました。喉が締めつけられるような思いをしながら。だって、ご飯がないからね。朝7時におっぱいをもらったら、夜の7時までおっぱいがないのです。その間、婆ちゃんが運良く白湯をくれたらいいけれど、婆ちゃんも「この子よう泣くから嫌い」と、くれなかったの。本当に12時間、何も食べられないのですよ。よく生きていたなーって思います。

私を人間扱いしなかった婆ちゃんと母親に「おっぱいに唐辛子を塗って弱い者いじめをするな！」「唐辛子を塗られたおっぱいを吸ったときの赤ちゃんの気持ちがわかるか！」

と言いたかった。赤ちゃんながらそう言いたかった。どうしようもない怒りをこの赤ちゃんは感じていたわけですね。飲む度に辛いわけですから。それでも生きるためにおっぱいを飲まなきゃいけない。どれだけ、赤ちゃんは傷ついていたでしょう。喉の締めつけ、ガンガン、熱い、ヒリヒリ、汗をかきながら。それにはベラドーナ（Bell.／セイヨウハシリドコロ）がいいです。でももちろん、当時はレメディーなんてありません。

どうなったかというと、自分の爪で顔や喉を掻きむしって、血らだけになりながら、おっぱいにしがみついていたそうですよ。赤ちゃんですでに自虐、自傷行為をしていたということです。誰にも刃向かえないから、無力なベビーだから。そんな私を見て「顔を掻きむしって真っ赤にして、タコみたいじゃった」と婆ちゃんは笑っていました。

婆ちゃんの価値観「こんな子は大事にしなくてもいいんだよ。死んでもいいんだよ。いじめてもいいんだよ」に対し、「自分は大切にされるべきである。どうして赤ちゃんをいじめるのか」という私の価値観が出てきたのです。対抗価値観です。

このとき、もうすでにプライドができているのですよ。『自分は大切にされるべき存在である。自分を大事にしろ。自分は価値ある存在である』と赤ちゃんが思っているわけです。だからこそ抵抗して掻きむしっていたわけです。

普通の赤ちゃんだったら無力感に苛まれて、もう、おっぱいにしがみつこうとはしないでしょう。ぐたっとなって、そのまま死んじゃうでしょうね。だけど、私はそうはならなかった。それぐらい、私という人間は、この世に生きたかったのだとわかるわけです。唐辛子を塗られても、掻きむしりながら、真っ赤になりながら、おっぱいを飲んでいたそうです。そうしないと生きられないからね。何か泣けてきますね。

しかし、この対抗価値観がなかったら、私は生きてはいけなかったでしょう。こうして血だらけになったら、唐辛子を塗るのを止めてくれるんじゃないかと思って、赤ちゃんながらも自傷行為をして、アピールしていたと思うのですけれど、結局、唐辛子を塗る行為を止めてはくれませんでした。

私の潰瘍性大腸炎や、粘膜が弱く常にある喉の痛みは、唐辛子の害だったというのはすごくわかります。赤ん坊のときに唐辛子なんてものを飲まされて、怒りで戦わなかったら生きてはいけなかったから。

２歳の頃、あまりに私が泣くものだから、母親が、布団をかけて私を殺そうとしました。おっぱいも飲ませてもらっていない、すごく泣かないと誰も来てくれないと思っているから、しょっちゅう泣いていたんでしょう。母親に、「うるさい、黙れ!」と思われたのか、布団をかけられて殺されそうになりましてね。窒息しかけたのです。3回も。

そりゃあ、おっぱい飲ませてくれないからひもじくてひもじくて、泣き叫ぶのも仕方ないですよね。実際、ものすごく痩せてガリガリだったそうです。泣くのは当たり前だと思うのですよね。

その後どうなったかというと、カーボベジ(Carb-v./木炭)をとるまで、私はパニック症があったのです。新幹線に乗ると、どきどきして息ができないとか、窓がないところは入れないとか、電車が止まるとパニックになるといった症状があったのです。過去に殺されかかった状況があったから、大人になってからも、閉鎖された空間で息苦しく感じたわけです。カーボベジは木炭のレメディーで、仮死状態で生まれた子のレメディーです。ホメオパシーには素晴らしいレメディーがありますね。

母親の価値観は「この子を殺したい。この子に死んでほしい。邪魔」。自分の価値観は「自分は生きる価値がない存在であり、自分は迷惑な存在であり、自分は死んだ方がいい存在なんだ」。またすごく絶望を感じたと思います。だけど、死ななかった。母親が手を緩めたのです。なぜかはわからないけれど。

そして物心ついたときに「婆ちゃん、私、どんな子だった?」と聞いたら、「おまえはタコじゃ。唐辛子を塗ったたんだ。おまえを堕ろそうとしたんだ。寅子という名前しかなかったんだ」と今の話をいろいろ聞かされたのです。

自分の存在がいらん子だったんだと、まあ、潜在意識ではわかっていましたよ。でも、顕在意識でもわかったときに、死のうと思いましたね。『死ぬのは善』という価値観が私の中にありました。子どもながらに、何回も、自殺しようと思ったのです。

崖から飛び降りたときは、グミの木に引っ掛かって死ねませんでした。暗い海に飛びこもうとしたことがあります。そうしたら、山が「止めろ!」と言うのです。男の声で。山がですよ。「誰?」って見たら、山が言っているのです。びっくりしましたね。とぼとぼと家に帰ったら、「何をやっているんだ。こんな夜中に徘徊《はいかい》しやがって」と怒られて、首根っこを掴まれて、早く寝ろと布団に入れられましたけれど。

もう心はずたずたで、絶望しかなくて。生きている価値もないと確信していて。だから死ぬしかない。でも、なかなか死ねない。だから、対抗意識で、自分は特別な存在だと思わない限り、やっぱり、生きていけなかった。神様仏様が自分を大事にしてくれる。自然が自分を愛してくれていると思わないと生きていけなかった。

そういうときはバレチューム（Verat.／バイケイソウ）がいいですね。自分は凄いと誇大妄想する人に合うレメディーです。自分は神の子・仏の子と思わないと生きていけなかったのですよ。そういうタイプの子だったから、かわいくなかったのでしょうね。「おまえは人を蔑むような目で見る、母がこうやってひとりで苦しんでいるのに、おまえはその母親を馬鹿にしている」と、ものすごく怒られて。そんな風に思っていないのだけれど、そういう風に見られたんだよね。よく折檻されました。

対する兄は母からひたすら可愛がられていました。自分はずたずたで、私はこの世には合わないなと思っていました。ナットカーブ（Nat-c.／炭酸ナトリウム）です。自分はこの世には合わない、早く死んでいきたいという人に合います。

次は6歳か7歳ぐらいかな。友だちが食べているのを見て、私も、ピーナッツが食べたかったのですよ。お醤油味の豆菓子で、海苔がついていて、中にピーナッツが入っている。うまいんだ、これが。でも、私は小遣いがないので買えない。どんなにお手伝いをしても、風呂を沸かしてもご飯を炊いて待っていても、小遣いをもらえない。兄ちゃんには畑仕事をするから、小遣いをあげるのですよ。仕事にも、甲乙丙《こうおつへい》があるのです。

兄ちゃんが、もらった小遣いを貯めているのを知っていたから、5円分だけ買おうと思って盗んだんです。わら半紙に包まって、ピーナッツが10個ほど入っていました。食べました。おいしい。もう1回、5円だけ、もう1回……とうとう50円全部使っちゃった後に、みんなが畑から帰ってきたのです。

それで、兄ちゃんがいつものように母から5円をもらって貯金箱に入れた。けれど、チャリンと音がしないのです。「えっ、ない!」兄貴は泣き始めちゃって、「母ちゃん、お金がない」と泣いて訴えると、母が「ふーん、ここに世界一の大泥棒がいるな」って言うのですよ。それを聞いて「えっ、私は世界一の大泥棒になるんだ」と思ったら怖くて、盗んだことを正直に言えなくなっちゃった。いつまで経っても自分が使ったと言わないものだから、きつくきつく折檻されて、牛小屋に縛りつけられてね。朝の4時まで。

母親の価値観は「この子はろくでもない。この子は悪党。この子は大泥棒」。自分の価値観は「自分は大泥棒になる。ろくでもない、悪党である」。絶望ですね。

暗い中、花子という名の牛の目だけがぎらぎらして、その奥に確かに幽霊がいて、私に迫ってくるのです。もう生きた心地がしませんでした。泣いて、泣いて、明け方までずっと泣き叫んでいましたけれど、来てくれませんでした。

やっと朝の4時頃、母が来て、許してくれるのかと思ったら、紐を解いて、首根っこを掴んで、「しょうがない大泥棒め！」と言って、バンと投げつけました。朝になっても、許してもらえなかったのです。一晩中泣いて許しを乞うたのに、許してもらえなかったのです。

ただ私は、少しでもいいから小遣いがほしかった。嘘をついたことを許してほしかった。兄ちゃんのお金を取ったことを許してほしかった、謝りたかった。でも、大泥棒になるのが怖くて、対抗意識で、「私は悪くない。私は大泥棒じゃない」とずっと言い続けたものだから、母親がよりいっそう薪で叩いたり、縛り上げたりしたんだなというのが今ならわかります。

そのときは、もう、心が壊れちゃったのかな。心のどこかで、いらん子だったかもしれないけれど、それでも母親は自分を愛してくれていると思っていましたから。そうじゃないとわかったときに、私は誰を母として生きればいいんだと打ちひしがれました。牛の花子をお母さんとして生きようかとか、森の木々をお父さん、お母さんにしようかとか思っていました。森に行ったら優しいのですよ。海に行ったら優しいのですよ。自然が私を育ててくれたんだね。花子や自然の優しさがなかったら私、死んでいたと思う。

今も、日本豊受自然農の農場に花子という牛がいるんですけれどね。生まれて肉になる子牛を引き取って育てたのです。今では、うちにいた和牛より、かなり大きくなっています。あのときに、花子がいてくれるだけでも心強かった。だから牛がすごく好きなんです。

でも本当に辛かった。人間で、私を理解してくれる人はひとりもいなかった。

牛小屋に縛られた次の晩から私は、おねしょをするようになりました。中学1年までずっと。あまりにもショックで。誰も私を守ってくれないと、私もすねちゃってね。そんな中、より酷いことが起こりました。

7歳のとき、母親が5人の男にレイプされたんです。その頃はまだ村には夜這いのような風習が残っていたのかもしれません。母が「寅子、警察を呼べ」と言っているけれど、恐ろしくて2階で耳塞いで震えるばかりで、とても助けることができなかった。何が起きているのかわからなくてね。

次の日の朝起きて、私は一睡もできなかったけれど、当然、朝が来るんです。こんな惨めな家にも朝が来て、太陽が煌々と照らす。その光を見て、うちには似つかわしくないなと、7歳でそう思いました。

1階に下りて母ちゃんを見たら、もんぺをはいて山へ行く格好をしているのですよ。「母ちゃん、ごめんね。昨日助けられなくて」と言おうと思ったのに、「母ちゃん」と言った途端にじっと私の顔を見て「寅子、昨日のことは忘れろ。何もなかった。わしは山に行く」と言って、行っちゃった。謝るチャンスもなかった。「いいよいいよ、子どもだから助けられない。いいんだ」と言って許してもらえれば、こんなに自分を責めなくて済んだのでしょうけれど、本当に長い間、助けられなかった自分、役に立たなかった自分をずっと責めて苦しんでいました。

極めつけがその3年後、私が10歳のとき、うちに泥棒が押し入りました。財布を取ろうとして母親ともめて、母親が刺されたんです。ふたりが財布を取り合って、取っ組み合っているのが階段の上から見えました。そうしたら、母を刺した後に、泥棒が私を見たのです。その包丁を持って、私がいる階段を一段一段あがって近づいてきて、私はずり這いで奥の方に逃げたけれど、目の前に包丁を突き立てられたんです。どれぐらい長い間だったかよく覚えていません。

私はもうね、このあたりになったら、神も仏もないなと祈ることをやめました。ほとほと生きるのが嫌になったんだ。それでも、このとき私は刺されずにいたんだね、生きているということは。

だからその後、包丁が怖くて、怖くて、刃物の先端を向けられるのが特に怖くて仕方なかった。インチャ癒しをして、包丁も持てるようになりましたけれど、本当に苦しかった。包丁を突きつけられるというのは。

母と泥棒がもみ合っていたから、私が間に入って助ければいいのに、それもできなかった。やっぱり、怖いからね。だからまた自分をすごく責めました。そのように自分を責めるときは、フォサック（Ph-ac.／リン酸）がいいですね。

それからはもう、男が大嫌いになっちゃって。母をレイプした村人たちも男、泥棒も男だったから。人生というのはこんなにも大変なんだと思って、強くならなきゃやられるんだと思って、少林寺を習い、ものすごい勢いで護身し始めました。母親を守れなかったから、力がないのは駄目だ、男にならなきゃ駄目だと思いましたので。

その後、もう一度泥棒に入られたとき以降、私は布団の下に必ず包丁を置いていました。何かあったらいけない、殺されるからと思って。

その習慣のようなものは、32歳で夫と結婚するまで続きました。夫に、何事だ、なんでベッドにナイフが置いてあるんだと言われたときに、「泥棒がくるかもしれないから、こうやって置いていると安心して眠れるんだよ」と話をしたんです。「君はいつもちょっとの物音で目が覚めるよね」と夫に言われました。夫がちょっとでも動くと、ぱっと目を覚まして構えるらしいのです。「僕は暴漢でもないし、泥棒でもないからそんなことをするな」と言うので「じゃああなた、入り口に寝て。あなた1m94センチもあるだろう。私を守るんだよ。何かあったらすぐ起きて」と言ったんです。

ある晩、窓が外れたときがあったんです。けれど、窓が外れても全然起きないで寝ているんだよね、元夫は。でも、その後、少しずつ、ゆっくり眠れるようになっていきました。

そんな用心棒も、子どもの頃はいません。本当に辛かったな。だから、男に負けてはいけないと筋トレもして筋肉隆々にしましたし、常に刀をどう抜くのがいいかとか、棒をもって研究していました。そんなことばかり考えていたのです。いつも戦いのモードで、何だかおかしなことになって、異性にもモテるわけがありません。

命は助かりましたけれど、母もその出来事は辛かったのでしょう。それ以来、壁に向かってぼーっと「女はつまらん。貧乏はつまらん。力がないものはこうやってみんなに剥ぎ取られていくんだ」とつぶやいて、人生というものを呪っていました。畑なんかも取られましたしね。

10センチくらいの距離の、目の前にある壁に向かって、わしの人生はなんていう人生だ、最初の結婚で姑さんに追い出され、自分が産んだ子どもも取られて、2番目の夫、つまり私の父・寅義ですけれど、ガダルカナルに戦争に行って、弾に当たって、帰ってきて8年目に死にやがって、慰労年金ももらえない。私はなんでこんな苦しい人生なんだ、と毎晩、毎晩、3時間ほど壁に向かって恨み言を吐き出さないと、寝ないのです。それを私はずっと聞き続けているのです。そして私は、子どもながらに、この人をどうしたら幸せにできるだろうかと、ずっと考えているんです。

私が母の恨み節を聞く傍らの窓の外には、1m50センチから2mぐらい丈のある、ぼんぼりのような真っ黄色の夏菊があって。それを手折って匂いを嗅いだりしていました。唯一の、私の喜びだった。美しい花だったから。いい匂いだったから。

ホメオパシーの学校で、母親の絵を描いたのです。授業で、自分の家族というテーマで絵を描きなさいと言われて。それがこの絵です。

階段を俯瞰《ふかん》で見ている構図です。階段というのは恐怖、恐れを表しています。この階段を、包丁を持った男があがって来た。窓枠に座っているのが私です。まるで小さ

「自分の家族」

な置き人形ですね。母親は、とげとげしていますでしょ。やけに母親が大きい。

自分の草履はなく、母親の草履だけです。土瓶があっても何も沸いていない。家族は他にも兄がふたりいるのに描かれておらず、兄たちのことは何も考えていない。怒っている母親。人形のように桟にぴょこっと座っている、何も抵抗しない私。迷惑をかけないように。苦しいとも悲しいとも、何も言いません。唯一、窓から出ている夏菊を手折って、この花を持っていることと、隣の家の隙間から射し込んでいる太陽の光だけが、この絵の中の希望です。


私は、「女はつまらん」とか、「死んでくれたらよかったのに」と言われてね。男になったら愛してくれると思って、男のようにふるまって、頑張って母親を守ろうとしたけれど、「そんな、頭刈り上げになんてしやがって」と、やっぱりケチをつけられるのです。いつも兄と比べられて、愛してもらえない。

兄は頭を撫でられて「ようやったな、兄ちゃん。これ小遣いだよ」と小遣いがもらえて。それを、指をくわえて、小遣いほしいと思いながら見ていたかな。頭を撫でてほしいと思って見ていたかな。悔しかったな。だから嫉妬心が強くなりました。母親の『力が強いことは善』という価値観で価値ある存在になりたくて、そして、兄に負けたくないと思って頑張ってミカン箱2つ担いだりしてました。そのせいかどうか、背骨が曲がっちゃったりしたけどね。本当にこの体には無理をさせ苦労をかけました。

自分は兄より愛されるべきだと、対抗意識で頑張っていたのです。兄より勝っていたかったのですけれど、兄は私より、さらに母に尽くすのです。結局、ぼろぼろに惨敗でした。

15歳になったとき、母親が「わしは山口にいる兄の所に行くけれど、おまえどうする」と言うのですよ。「おまえも一緒に来い」じゃないんですよ。「行ってほしいか？」と聞いたら「いや、どっちでもいい」とこう言うのです。「行ってほしいと言えよ！」と思いましたね。

「おまえどうする」ってどういうこと？　中学生に選択させるのかって。地元、愛媛県内の高校に行こうと思っていたので、「いや、こっちの高校に行きたいから残る」と言ったら、「わし、行くからね」と行っちゃったのですよ。

母親は、神様の掛け軸も置きっ放し、みんなぶち捨てて、誰もいない広い家に私ひとりだけ残して兄のいる山口に行ってしまったのです。

一方、私は、広い家に残されたわけです。夜、ラップ現象（※何も存在しないように思える空間で、音が鳴り響く現象）は出るわ。私ももう、祈っていませんから、幽霊が徘徊しているのが見えるわ。本当に大変でした。何より、さみしかったなあ。だから、すごく見捨てられインチャが出てきていました。このときにイグネシア(Ign.／イグナチア豆)があったらよかった。悲しみのインチャですね。

そのときは、対抗意識で、「愛されなくてもいいんだ。親なんかいなくてもやれるんだ」と思っていました。反抗期でしたから。でも本当にさみしかった。

だから折々、何かにかこつけて、友だちの所に泊まりに行くのですよ。1年ぐらいして高校の寮に入るまで。自分の家に、ひとりで寝たくないからね。

そうしてひとりで暮らしていたとき、私は、「親に捨てられたんだ。でもいいんだよ。私はひとりで大人になってやる。ここに残るんだ」と、プライドでガンガンやってました。

母は私が中学卒業後に、今治《いまばり》の縫製工場に就職することを望んでいましたが、私は「出世しよう」と思っていたので、高校だけは出ておかなければならないと思い、母と兄に懇願し、兄に高校へ通うお金を出してもらいました。そのお金は返しましたが、当時お金を出してくれた兄には、心から感謝しています。兄は中卒で、家族のためにお金を稼がなくてはならず、高校に行けませんでした。そんな、なけなしのお金から出してもらいました。だからこそ、私は出世しなければならないと思っていたのです。

高校を卒業した後は、自力で美術学校に行って、やっと就職しました。就職してから付き合う人、付き合う人に、見事に振られました。母親からの失恋が癒えていないから、振られ続けるわけです。そのときに、毎回、絶望的になって死にたくなるのです。その絶望感は、母親に愛されなかった胎児の絶望を感じていたということです。

失恋を続けている人は、リウマチなど関節がおかしくなる人が多いのです。このように、失恋から悪化する人は、カルクフォス（Calc-p.／リン酸カルシウム）がいいですよ。なぜそう言えるのかというと、ハーネマン（※ホメオパシーの創始者）たちが、原物質を含むリン酸カルシウムをとったところ、失恋したかのようにがっくりきて、何もやる気が起きなかったからです。また、カルクフォスは骨を作るレメディーでもあります。

こうして失恋しても、相手のことを「あいつ足短かったし、まあいいや」「どうせあなたとは合わなかったんだよ、私の方が格好いいもん」などと言って、また対抗価値観・プライドです。失恋したことにしっかり向き合わなかった。逃げるしかなかった。これ以上傷つきたくなかったから。振られたことを直視するのが怖いから、絶望を感じるのが怖いから、プライドでもって、相手を否定するほかなかったかな。

それでだんだん恋をすることが嫌になって、仕事にのめり込むようになったのです。恋愛なんてくだらないことをしても仕方がない。私は、女としては愛されないけれど、能力があるんだと、できる人間になること、出世することに全精力を注ぎ込みました。

仕事にのめり込んでぐわーっと働きました。キャリアウーマンになったのです。特に、貧乏人は駄目だという価値観がありましたから、一生懸命働きました。お金を稼いで立派な人間になる。これも対抗意識ですよね。給料も上がりました。

こうしてバリバリ働くということは、人を蹴落としていくわけですから、人望があるはずもありません。仕事はできても、親友と呼べる人はひとりもいません。職場で孤立して、仲間と思える人もいませんでした。

ただ、私がお金を稼いでいるのを知っているから、「寅ちゃん、私たち親友よね、お金貸して」とお金の無心に来る。私も、友だちをなくしたくないから、いいよと貸します。

ところが、満期が来て取りに行くと、ことごとく皆、玄関の戸をバンと閉めて、「あんたとは元から友だちじゃない。こんなの返さない、いろいろ教えてやったじゃないか」と門前払いを食らったのです。何件も。その都度、心が壊れそうになるんですね。親友だと思っていたのに裏切られ、剥ぎ取られていきました。総額1千万円以上は取られたかな。

それぐらい、愛されたかったんだよ。それぐらい、「寅ちゃん親友だよね」という言葉が嬉しくて、「そうだ、親友だ。貸してあげよう」と心開いては、ことごとく踏みにじられていきました。愛されたいインチャがいたからですね。

そして、一生懸命働いていいところまでいったのに、上司が、私が優秀だから恐ろしくなったのかな、徹底的にいじめ抜かれて。ある日とうとう台本をぶち捨てて辞めたんです。フリーになってもその上司に根回しされて仕事をもらえない。干されてしまったわけです。

私はドラマのディレクターになるか、映画を作りたかったのですけれど、「ディレクターには絶対にさせない！」と言われちゃって。そのときも、プライドで、「よし、私は海外に行って素晴らしい女ディレクターになってやる。あんたらが頭下げるような人間になるぞ、今に見ておれ、英語もできるようになって見返してやる」とイギリスに行くことにしたんで

す。イギリスには友だちもいたし、なかには、女性のディレクターもいたからですね。

こうして28歳のとき、イギリスに渡りました。テレビ局には20歳から33歳まで勤めましたが、28歳以降は報道の仕事でした。それまでは、『熱中時代』とか『ヘイ！　あがり一丁！』といったドラマを制作していたの。東映にいた頃は『Gメン'75』とか作っていましたね。

日本で実務経験を積んでいたから、海外に行ったら、同時衛星中継なんかもやって、重宝されて。頑張りました。

ところが、潰瘍性大腸炎で動けなくなっちゃったのです。やり過ぎたんだね。もう頑張れない。動けない。

この写真を見て。目つきがすごい。どこの香港マフィア!? みたいな顔をして、寄れば切るぞ！ という感じでね。だんだん痩せていって、だんだんおかしなことになっている時期です。血便が出て、体重も38キロぐらいになっちゃって、立ってられなくなっちゃった。いろいろやったけれど何も効かない。

ここから、負ける旅が始まっていきました。とにかく血便が酷いから、すぐにトイレに行かなければならない。弱い自分に直面することはすごく嫌でした。ですから会社は、もう辞めるしかなかった。弱い自分をさらけ出したくないからね。仕事を辞めて引きこもったのです。

同僚からホメオパシーというのがあると聞いて、ホメオパシークリニックに行ったんです。そこで「これは砂糖玉だけなんだ。でもここには天文学的に希釈された、ヒ素とがん細胞が入っているんだ」と説明を受けました。「誰のがん細胞!? ヒ素なんてとったら死ぬじゃない!」と言ったら、「これは薄めているから波動、パターンだけしか入っていないんだよ。心配するな」とね。絶対に怪しい。こんな所に来ちゃってどうしよう、これは間違えた。こんな所に60ポンドも払うのかと思いながらも払っちゃって、勿体ないから砂糖玉(レメディー)をとったのですよ。

アーセニカム(Ars.／ヒ素)と、カーシノシン(Carc.／がん細胞)のレメディーをもらって、とり始めて1週間後に、40度以上の発熱がありましてね。10日間、ぶっ通しです。背中が痛い、足も節々も痛い。これって26歳のとき、インフルエンザに罹ったときと同じ痛みだと思ったのですよ。取材があって仕事を休めず、点滴を打ち、症状を抑えてしまった。そのときの発熱、節々が痛む症状が現れて、のたうち回っていました。

それがおさまる頃に、一皮剥けたような感じになって。今までものすごいプライドで、怒りで打ち負かそうと頑張っていた自分から、へなへなと力が抜けていって、庭を窓越しに眺めていたらどこか懐かしくて、庭に出て行きたくなりました。

働きに働き抜いて、当時はお金はあったのでね。大きな庭をもっていたんです。庭師もいて、手入れが面倒くさいからその庭師にやってもらっていたのだけれど。

なぜか庭に行きたくなって行ってみたら、ビクトリアプラムが咲いているのですよ。2月の終わり頃に。そして、ロビン（※コマドリなどの小鳥）がいたのですよ。クロッカスも咲いていて。

ものすごく美しく、輝いていて。命の源に戻るような、子どもの頃に自然の中で感じた、命降り注ぐ自然、愛が降り注ぐ自然、そこに囲まれたような形になりまして、涙がばーっと吹き出るんです。流れるんじゃなくて、びゅっと吹き出たのです。

そして私は真に生きたいと心から思ったのです。

小さい頃親に怒られて、帰ってくるなと言われて、萱《かや》の中で寝たら、萱が優しく包んでくれたり、悲しくて寂しくて木に抱きついたら、木が抱きしめてくれたこととか、そういった自然に癒された思い出が一気に蘇ってきて。私のお父さんとお母さんは自然だったんだと思って。自然に、その暖かさに、慈しまれたのです。

自分が今まで頑張って頑張り抜いてきた人生を、何だか溶かすかのような優しさに満ち満ちていたのです、その庭が。命の根源に戻してもらったというか。そして、優秀と言われたいがために、こんなに体がぼろぼろになるまで頑張る必要があったんだろうかって思えたわけです。

嗚呼、ホメオパシーで命を救われ、心も救われたんだと思って。ならば私のこれからの人生は、苦しむ人たちの役に立ちたい、ホメオパシーに捧げたいと思ったのです。神様に、おまえにホメオパシーをやるから多くの人を救いなさいと言われたような気がしましてね。


人生が大きく変わった起点というのは、この2年間の潰瘍性大腸炎です。悶々としてもう死ぬしかないという状況の中で、自分の今までの人生を走馬灯のように見せられまして、この人生は何だったんだろうと思いましたら、自分の対抗価値観やプライドが、ポロポロと落ちていきました。

それから大学院まで含めて5年間ホメオパシーを学びホメオパスになったわけですけれど、ホメオパシーの勉強というのは、英語だけでなく、ラテン語、ギリシャ語、下手をすればドイツ語も出てきます。日本人の私にとって、すごく大変です。でもやりたいからと、夫、当時は結婚していましたから、夫に「これからホメオパシーの勉強をするから教えてちょうだいね」と言ったのです。そうしたら「君は好きなことが見つかったようだけれど、僕は好きな人が見つかったんだ。その人の所に行きたい」と言われまして。「それじゃあ、さようなら」って。

なんて人生だ。心変わりされていたことを露とも知らずにいたのです。

「君は体調もよくなったようだから、僕はもう必要ないよね」と言うんです。「君という人間は、どんなに苦しくても助けてくれとか、大変だとか言ったことがないよね。僕には、僕を必要としてくれる女性がいるんだ」と言うわけです。

そのときに「行かないで」とか「子どもがいるじゃないか」とか「お金どうするの」とか、私は言わないのです。本当は、言いたかった、本当は、心は不安と苦しみでいっぱいだった。潰瘍性大腸炎のときも弱音を吐けなかった。子どもの頃から弱音を吐くと怒られていたから、言ってはいけないと思っていたから、言えなかったんだよね。泣いてはいけないと言われていたから、気丈に頑張っていたんだよね。

私、夫から給料をもらったことが一度もありません。自分で稼いで、自分で全部やってきたから。夫に頼ること、頼むことを知らなかったのです。全部ひとりでやってきた母の姿しか知らないからですね。だから自分は必要ないでしょうと、去られてしまったわけです。

男がそう決めたならそうなんだろうと、じゃあ行っていいよって見送りました。何だかいい人ぶっちゃって、自分の苦しみを横に置いて、何も言わないで。これも持って行ったら、あれも持って行ったらと差し出して。

そこで、ぽつねんと残された子どもと私。やっぱり自分はひとりぼっちになるんだなと思いました。

結局そのときも、絶望を感じましたけれど、押し殺していい人を装ってしまいました。親から堕ろされそうになり、唐辛子を塗られ、布団で殺されかけて、そのとき感じた絶望を感じ切らないまま過ごしてしまったのです。この死にたくなるような絶望をもう一度感じたくないからですね。

その後、ホメオパスになりホメオパシークリニックを始めたら、いろいろな病気が治って、ドイツ人もフランス人もイギリス人も日本人も、クリニックにいっぱい来るようになりました。意気揚々とやっていました。ホメオパシーって本当にすごい。これは神様の療法だなと思っていたのです。

そうしたら、一度はよくなった鬱《うつ》病の人が首を吊って、自殺して死んだのです。あんなに鬱がよくなって、これから自分は人生を生き直すと言った人が。「なんで?」と思いました。他にも、末期がんだったけれど、食事がとれるほど回復していたのに、悪化して死んでしまったり、あんなにアトピーがよくなっていたのに、またぶり返して、入院しなければいけないほど酷くなっちゃって。「えー!」って。

そういう出来事が続いたときに、「ホメオパシーも駄目だ」と思ったら、もうやる気がなくなっちゃったのです。何だか私、全然役に立たないやと思って、鬱になっちゃって。ホメオパスとして、私は優秀、自分はすごい、自分は役に立つ人間だと思えていたものが、がらがらと壊れていったのです。ホメオパスになって、3年目ぐらいのときかな。

最初はすごかっただけに余計に、自分のプライドが打ちのめされちゃったのです。役に立たない、無能な自分をまた突きつけられたわけです。それにまだ、「役に立たなければ生きてはいけない自分」がいて、ホメオパシーなら役に立てると、ホメオパシーを利用していたんですね。レメディーをとって体はよくなっても、まだまだ、インチャは癒えていなかったんです。

そうして引きこもっていたら、ホメオパシーを取材したいという記者の人が来まして。

私は、希釈振盪のところがうまく説明できないと言ったら「僕は量子物理学をやっていたから、希釈振盪はいくらでも説明できる。あなたにお教えしましょう。その代わり、ホメオパシー哲学を全て私に語ってください。それを知った上で、その希釈振盪の量子物理学の、物質がないけれどなぜ効くかというのを説明しましょう」と言われまして。そこから、1日2時間ぐらい、毎日教えていたのです。私からいろいろ聞いて、コンピュータに全部それを入れ込んでいくわけです。量子物理学はどうなったんですかと言っても、あーまた今度とはぐらかされて。

結局、それをもって、日本で、ホメオパシーの学校を設立されちゃったのです。でもそれも、人を見抜けない間抜けな自分、自分は騙されて当然な人間だと思っていますから、訴えもせずにいました。

自分はクズだから、私は生まれてこなくていい人間だったのだからと。ベースが癒えていないと、全部こうなるのです。お金をぶんどられようが騙され搾取されようが、仕方がない、仕方がないと諦めて、流してきたのです。

ただこのときは、ホメオパシーをしっかり学んだ私が頑張って「日本のホメオパシーを牽引しなければ」という使命感が湧き出てきて、再びホメオパシーに情熱を傾けるようになりました。

それでも心の苦しみは無くなりませんから、どうしたら私は幸せになるのだろうとその方法を探していたところ、インナーチャイルドの本に出会い、左手の子どもの自分と右手の大人の自分の会話を始めました。それをやる度に泣けて仕方ありませんでした。ですから私は、もう20年以上もインチャ癒しをしているのです。それでもまだ山ほどインチャがいるのです。死ぬまでにひとりでも多くの満たされなかった寅ちゃんを癒してあげたいと思い続けています。


そして50歳のときです。母親が死の床で、兄たちや親戚の名前を呼ぶんです。「久男いるか」「恵子はいるか」「善一もいるか」と。なのに、私の名前だけ呼ばない。しょうがないので「母ちゃん、寅子もいるよ」と言いました。そしたら「わかっちょる」と言って死にました。最後に、「寅子も生きてくれてよかった」と言ってくれたら、私は救われたんだけれど、結局そういう言葉を聞くことはできませんでした。

本当に頑張ってホメオパスになったときも、「お前が人を治せるのか」などの嫌みを言われ、「どうしてよくやったとひとこと言ってくれないのか、喜んでくれないのか」と怒りましたけれど。臨終のときも、私の名前だけ呼びません。最後まで私を認めてくれなかったわけです。私は母親に認めてもらいたかった。だから自分は愛されない人間、自分はいらん子、またここを突きつけられて、認めざるを得ませんでした。

それに、50歳にもなってまだ母親に愛されたいと思っている、インチャ癒しをしても、まだこうやって、子どもみたいに「よう頑張ったな寅子」と褒めてもらいたい自分がいたのだと思ったら、切なくなりました。私の愛されたいインチャはまだ癒えていないのかと愕然としました。

これは駄目だ。私はなんとかしなければいけないともがいていた最中の56歳、朝日新聞による執拗なバッシングを受けまして。もうホメオパシー生命は絶たれて、ホメオパシーの学校も、ホメオパシーも全部潰れて、私の存続もないと思いましたね。

国の健康機関で働いている人たちが、「イギリスから帰ってきた女性が、自己治癒力を触発し自ら健康になるホメオパシーを推進しているので、これはやばいことになるから、なんとかしなければならない」と討議したことを、関係者の奥さん経由で聞きました。未だ小さい今のうちにホメオパシーを叩きのめしておかないと、困るところがあるからでしょうか。いつか来るなと思っていたら、来ましたね。朝日新聞には、徹底的に執拗にやられました。

今までのやり方を変えなければホメオパシーは存続できない状態でした。ここではもう、戦いません。昔の私だったら、自分に爆弾を仕掛けて、朝日新聞に乗り込んでいたかもしれませんけどね。あそこのブルーのビルだななんて思いながら。

でも、国は救ってくれました。物販と教育を分けるよう指示をしてくれたのです。東京都薬務課と厚生労働省が。これは、ホメオパシーを残そうとしてくれているんだとわかりましたので、すぐ、従いました。

東京都に言われたとおり、物販を売るホメオパシージャパンと、教育のＣＨｈｏｍ（シー・エイチ・ホム）という２つの柱を分けました。７００名のホメオパスたちにも、もう自分がホメオパスとして治療をする場合は、レメディーを売らないようにと言いまして。またそこで、会員からものすごい反発を食らったのです。レメディーを売って、生活を成り立たせている人もいましたから。その反発の中で、これをやらなければホメオパシーは残っていけないんだよって説明しました。１００人が去って７００名いたホメオパスが６００名になりました。でもしょうがないよね。会員の皆さんにご迷惑をかけたかもしれない。それでも、この安全なホメオパシーが生き残っていければいいなと思いまして。

池尻のビルも売り、賃貸のここ、用賀に来ました。規模は小さくなりましたけれど、ホメオパシーは残りました。これで十分です。そんなに望む必要はありません。

朝日新聞に対しては、事実ではないので訴えてもよかったのですが、抵抗せずにおきました。ただ、事実は伝えなければいけませんからインターネットの『ホメオパシー新聞』を発行したり、『毒と私』を書いたのです。それを読んでもらえれば、真実がわかります。

こうして、ホメオパシーは残りました。あのときに抵抗していたら、おそらくホメオパシーは潰されていたと思います。私のプライドや対抗意識のインチャが癒えていてよかったです。

抵抗せず、「もう負けだ、もういい。よし、農業をやろう。農業から入ってホメオパシーにもっていけばいい」と。自然農をやることは日本を救うことにも繋がるし、農業なら誰も文句は言うまいと思ったのです。それまでも農業はやっていましたが、小規模だったので、事業を拡大しました。

折しも3・11があり、被災地に野菜と水15箱を届けに行ったとき、たった15分で全部なくなってしまいました。こういうときにおいては、ホメオパシーのレメディーより何より、野菜や水など食べ物が必要なんだとよくわかりましたね。これは大型農業、それも自然農でやるしかない！　と思って、やり始めたのですよ。

何が幸いするかわかりませんね。もし朝日新聞に、ホメオパシーがいじめられなかったら、ここまでいろいろ改変しなかったと思います。今では自然食レストランもできて、すごいことになっていますよ。

それでも私の苦しみはまだ終わらない。60歳のことです。

40歳ぐらいでイギリスから日本に帰って、私のことを信頼し、心から愛してくれる人に出会いまして、本当に嬉しかったです。その人と、伴侶として墓場まで一緒に行こう、行けると思っていましたが、その20年間付き合った彼に振られまして。このときばかりは、腹の底から本気で死にたくなりましたね。駄目な自分を見つめるしかなかったし、現実を受け入れるしかなかった。彼を嫌って、プライドでやり過ごすこともできなかったし、自分自身若くもないし、魅力もない。女として愛されない自分というのを、どうしても認めざるを得なかった。いろんな駄目な自分、未熟な自分、絶望、また絶望でしたね。

こうして、人生のいろんな局面で、認めろ、認めろ、おまえは駄目だろ、ほら駄目だろと思い知らされて、とうとう追い詰められてしまいました。逃げても苦しくなるだけです。だから、股関節が悪く痛む足をおして、山に登ったのです。苦しい中で、こんな自分でも、どうすれば自分の存在意義、私は生きて存在していいという許可が与えられるのかが知りたかったからです。

神様は「おまえは駄目な人間だろ」と何度も何度も私に知らせます。「いや、駄目じゃありません。駄目なのは、できなかったこいつです。駄目なのは、振られたこいつです。駄目なのは、算数が10点しかとれなかったこいつです」と言って、自分を分裂させて、駄目ではない寅子A、駄目ではない寅子B、駄目ではない寅子Cを作って、駄目な寅子を責めてきましたよ。けれど神様は、これでもかと、愛されない事件をそろえてくれまして、「駄目じゃないです」とその都度、新しい駄目ではない私を作り出し、駄目な自分から逃げてきました。こんなに自分は、ホメオパスとして優れています。こんなにインナーチャイルドセラピストとして優れています、こんなに農業ができますと言ってきました。

だけど、今回それをやっても幸せはない。とにかく私は何をやっても駄目な人間だ、という部分をしっかり見つめようと決意しました。こう思う人には、アイオダム（Iod.／ヨウ素）がぴったりです。アイオダムのレメディーをとって、プライドで戦うことも恐れて頑張ることもみんな止めて、とにかく山に登ってひたすら自分と対話しました。ひたすら。ドベだった人生で、どうしたら満足できるのか。これを知るために、頂上にいる仏様や神様にお伺いしたくて山に登っていました。駄目な自分を許すしかないとわかっても、ずっと「いらん子」だったので、自分では許すことができないのです。神様仏様に許してもらいたくて、山や神社やお寺に行っていました。

そして、そうか、参りました。やっと気づきました。自分はこういう風に粗末に扱われて当然、自分はこの世に存在してはいけない人間、死ぬべき人間であると信じているのは、他ならぬ私自身だったということ。そこが、癒えてないということを突きつけるために、これだけの苦しみを私に与えてくれたんだと理解できたときに、さあ、この苦しかった人生をありがたく受け取るためにはどうしたらいいのかということを、深く深く考えたのです。

インチャを癒すことしかないですよ。

存在価値がないと思っている自分自身、それが癒されずにどうして先に進みますか。結局、そこに戻るわけです。

胎児のときにゴンゴン叩かれたり、冷たい海で泳がれたり、重い石を持ちあげたりして殺されかけた胎児のこの悲しみと絶望が癒えていない。そこに戻るしかなかったのです。

自分の人生を胎児から60歳まで振り返ったとき、前はよく泣いていました。でも今はだいぶ癒えて、あんまり涙が出なくなっちゃった。いろんなことがあったけれど、乗り越えられない苦しみはないから。必ず乗り越えられるから。その困難があなたに来たということは、乗り越えられるから来たわけだ。そのように思って、生きてほしいなと思っています。

突発性血小板減少性紫斑病の男児のケース

この子は突発性血小板減少性紫斑病で、血小板が減少し、出血しやすくなるという難病です。予防接種をすると、その副作用として紫斑病になるという例がありますから、予防接種をする際には、よく考えていただきたいと思います。実際、ワクチン製造メーカーがワクチンの副反応の一つとして紫斑病をあげています。

本人はもちろん大変ですが、こういった難病の子をもつお母さんも、本当に大変で、苦しい毎日を過ごしていると思います。

こちらのお母さん自身は、妹だけが可愛がられて、お姉ちゃんだったこのお母さんは可愛がられていないものですから、私のようにプライドを支えに生きてきたと思います。

そういうインチャを抱えて苦しむお母さんの期待に応えるため、難病を抱えながら一生懸命勉強したいと思っている息子さん。そんな母子のストーリーであります。

■DVDケース① 1回目（2013年2月2日）

【母親】今日ちょっと熱を出してしまって。

【由井】そうね、ちょっとほっぺが赤いよ。

【母親】薬の副作用で、熱いとすぐ充血して、ほっぺが赤くなって膨らむのです。

それで、血小板の数値が1万を切るとまずいので、1万より下がらないようにと言われていて。低いときは2万を切ることもあって。もう、5万より上がることはあまりないです。

【由井】この子、たとえばひざを打ったりすると、内出血がばっと出てくる？

【母親】でます。腫れます。最近、あざが多いなというのに気づいたのです。出血斑が背

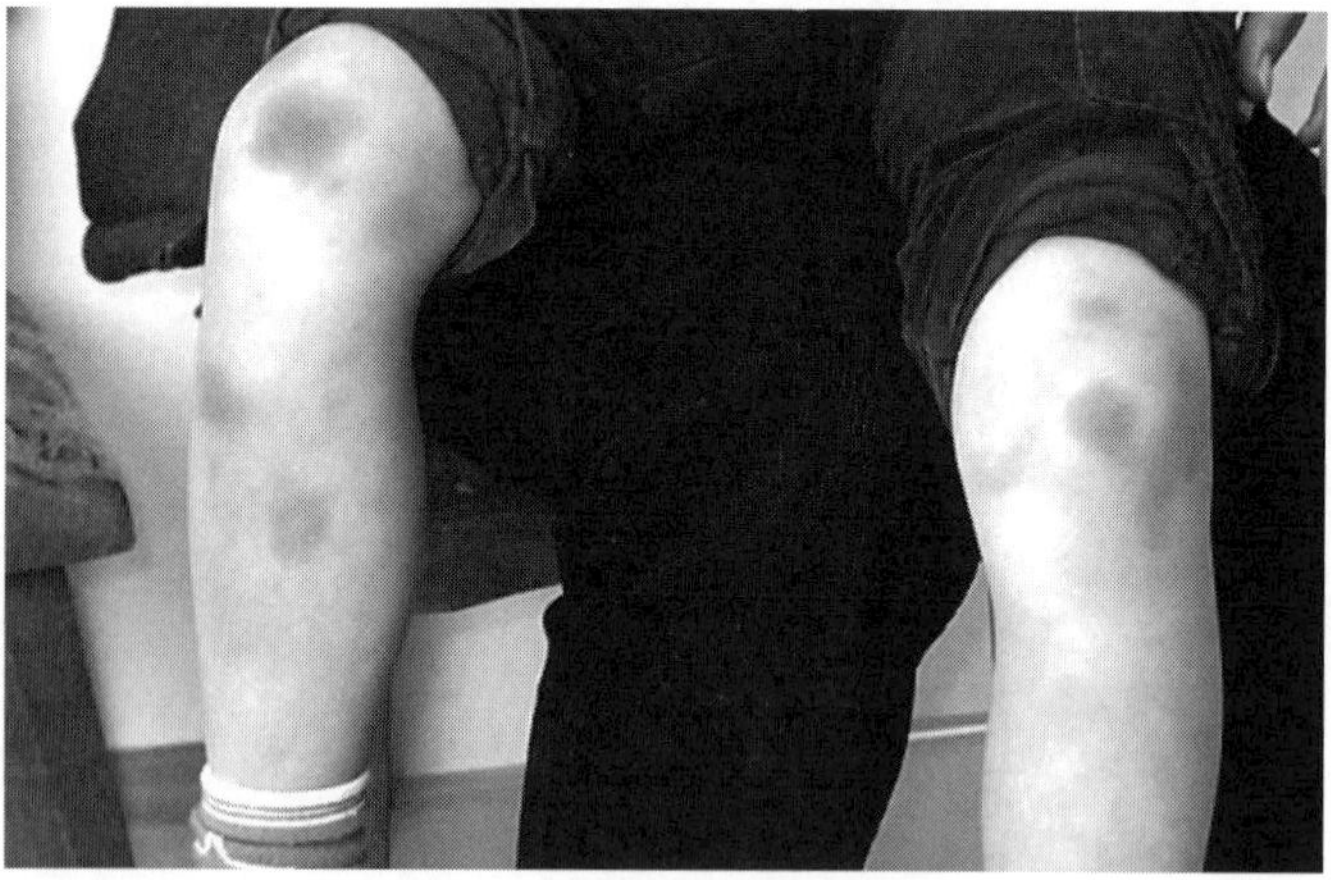

6歳・男児 突発性血小板減少性紫斑病 出血斑が足にもできている

中や顔にもできていて、小児科に行って血液検査をしたらその時、血小板の数が……。

【由井】5千とか6千とか。

【母親】すごく少なかったですね。

【由井】(男児に)うしろに横になっていいよ。しんどいからな。今もちょっと熱が出ていそう。あーかわいそうな。大変だったな。

(母親に)この子は兄弟いる?

【母親】いません。

【由井】ひとりでよかったの? それともできなかったの?

【母親】できませんでした。

【由井】ほしかったの? その話になったら涙が出ているよ、お母さん。どうして?

【母親】ほしかったのですけれど……。

【由井】大変だったんだ。

【母親】そうですね。息子が病気になって、ちょっと落ち着いてからと思うと、また具合が悪くなったりして。

【由井】まあ、この子で手一杯だったということだね、お母さんね。

【母親】そうじゃないと思います。

【由井】もうちょっと泣かなければいけないな、その辺のところで。自分を責めていると思うんだけれど、どうかな。

【母親】はい、そうです。

【由井】何で、子どもができなかったことを責めちゃうの?

【母親】もっと頑張ればよかったなって思います。この子は病気があるし、もし、そういうリスクのある子を生んで、親の方が先にいなくなった時に……。

【由井】死ぬからね。ひとりで暮らしていくのはやっぱり大変だろうから、ってね。

【母親】親がいなくなったらひとりになっちゃうと思うと……。

【由井】かわいそうになるわけだ。

【母親】申し訳なく思います。

【由井】あなたには兄弟がいるの?

【母親】はい。

【由井】誰?

【母親】妹がいます。妹は、膠原病《こうげんびょう》の予備軍と言われて、今ちょっと経過観察というか。

［由井］お父さんはすごくこう……。

［母親］厳しくて
［由井］厳しかったの。だろうな。あなたがよく怒られていたのかね？

［母親］そうですね。

［由井］お母さんは助けてくれたかね？

［母親］いえ、母が口を出すと、父がますます怒るので、怒られている時、母は、遠くで見ている感じです。

［由井］助けがなかったんだね。だから誰からも助けがないという状況に対する不安、恐怖があるはずだ。あなたは、自分が独りぼっちになって、すごく寂しい思いをしていることがあったと思うのよ。そういうインナーチャイルドというか。昔のね、子ども時代に辛かったこと、悲しかったことを少し癒して。思い出して。あの時は辛かったねって、声を掛けてやってくれる？

［母親］はい
［由井］ＯＫ。

（男児に）大変だったな。今日はぐったりだな。帰ったら寝ような、ねんねしような。ばいばいな。またな。

【母親】 ありがとうございました。

〈DVD終了〉

紫斑病のレメディーでよくなるケースもありますけれど、紫斑病というのは血液の病気ですから、この子自身が自分を責めていたり、自分自身を否定すると悪化します。血液は自分自身を表します。そういった内面の改変もやらなければいけませんが、子どもですから、なかなか難しいところもあります。

また、病気の原因となったと思われるものを排出します。11種類のワクチンレメディー、それを薬害出しにとてもいいスーヤ（Thuj.／コノテガシワ・ニオイヒバ）という植物のマザーチンクチャーに入れたものを随時とってもらいます。

朝にはケーライカーブ（Kali-c.／炭酸カリウム）。この子は咳がよく出ていますので、咳を鎮めるためにも、細胞内をきれいにするものとしてケーライカーブのレメディーをとってもらいます。

昼はカーシノシン（Carc.／がん細胞）。このレメディーは血液が壊れてしまうような人に、すごくいいのです。この子は自分自身の本音をなかなか出せない。半ば諦めています。諦めにはがん細胞のレメディーがいいのです。

夜はブライオニア（Bry.／シロブリオニア）。このレメディーは、皮下出血を止めてくれます。収斂《しゅうれん》作用があるというのも含めてですね。

これらのレメディーをとってもらいました。そうして2年半ぐらい続けましたが、どうしても血小板の数値が乱高下するのです。

最初、血小板の数値が2万から始まったのですけれど、そもそも13万ぐらいにならないと、正常とはいえません。レメディーをとると、正常値になって、それなりによくなっているのかもしれないけれど、また落ちるのですよ。

DVD ケース① 1回目
（第1回 相談会　2013/2/2）
ZENホメオパシー…魂と心と体を三位一体で癒す方法

随時	φ Thuj. ＋予防接種毒出しコンビ	
朝	Kali-c.（炭酸カリウム）LM1	咳・細胞内
昼	Carc.（がん細胞）LM2	自分を出せない
夜	Bry.（シロブリオニア）LM3	皮下出血

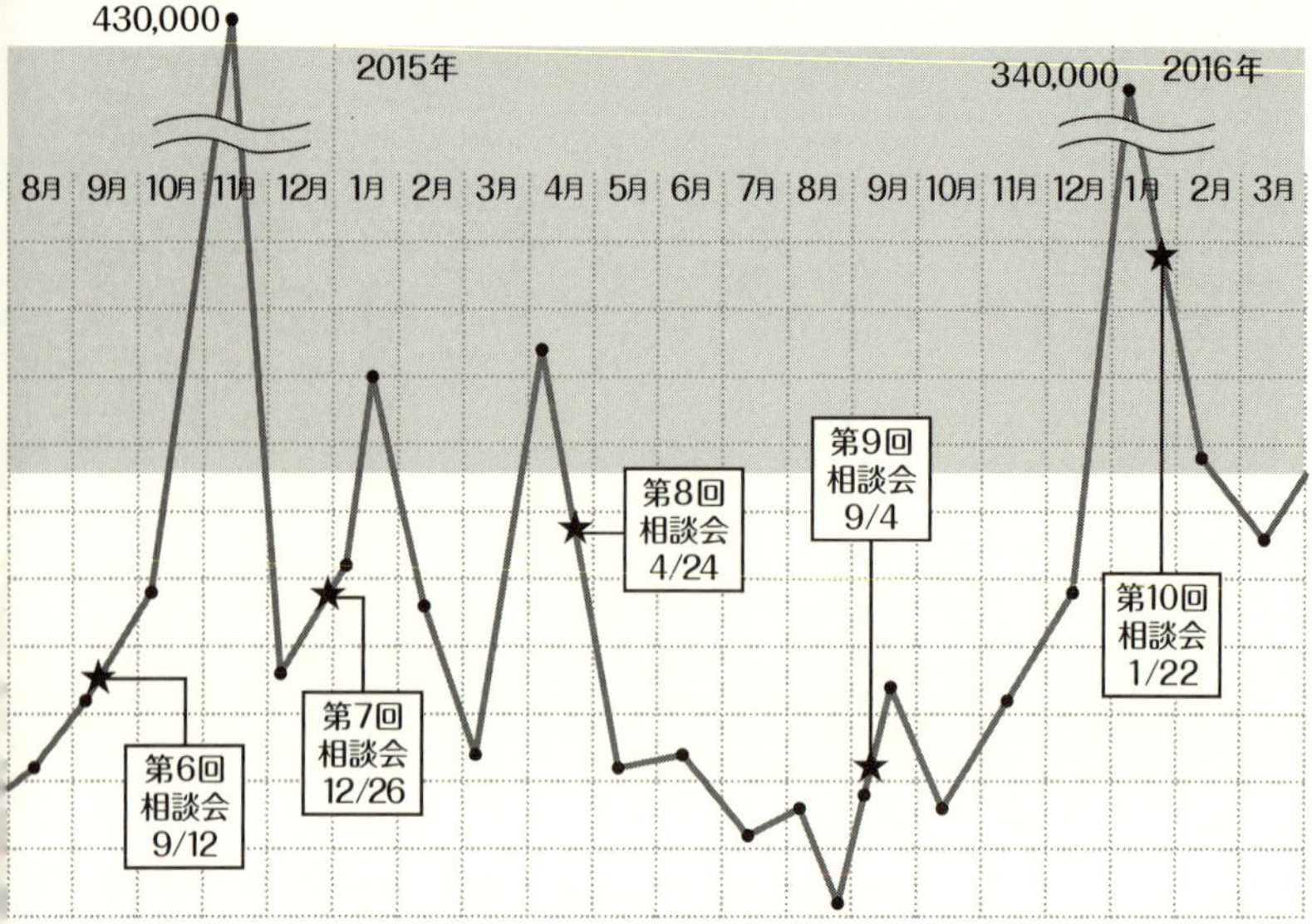

レメディーをとってまた上がって、また落ちる。

3年近くやってこの乱高下ではいけないと思いましてね。これはレメディーが功を奏していない。ひょっとすると、ホメオパシーでは無理、ようするに、治らないケースじゃないかと思いました。

私も困りましたが、何より、この子にとって大変なので、霊的な側面から見てみることにしました。

私、この仕事をして25年ほどになりますけれど、「子どもが事故で死んだのはなぜ?」とか、「なんでこんな早いうちに夫はがんで死んだのか?」と患者さんが私に聞いてくる

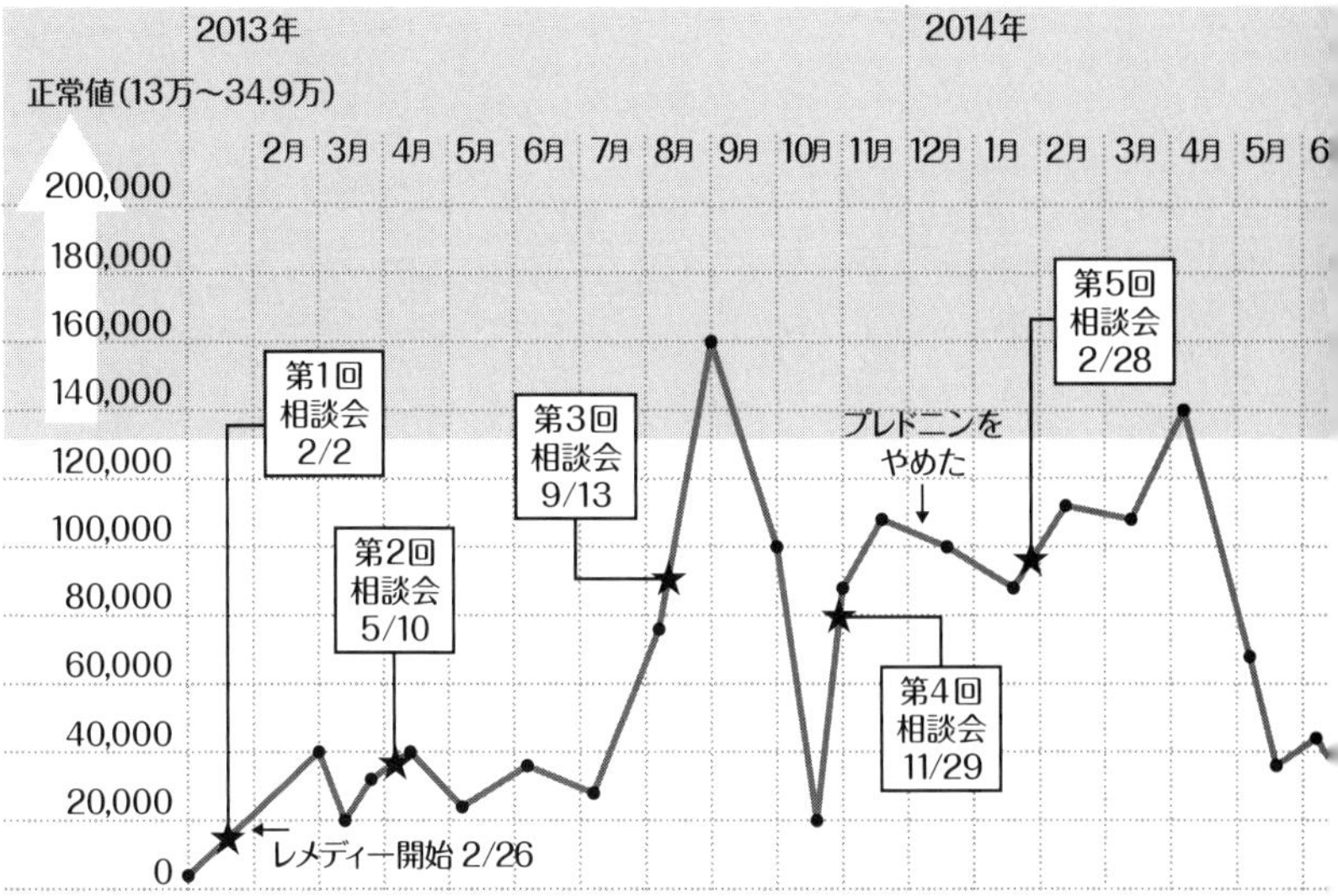

わけです。私は坊さんでも神官でもないから全然わからないのだけれど、やっぱりみんな悔しいというか、答えがほしくて聞くんですよね。そのときに、霊性の勉強などをやっていないと、言葉をかけてあげられないのです。ただ寄り添って泣くしかない。理不尽と思う運命を受け入れていくためには、魂に響くような答えをしてあげる必要があると痛感したのです。

だから、霊性の修行を始めたのです。山に登ったり、滝に打たれたり、祝詞《のりと》や般若心《はんにゃしん》経《ぎょう》を唱えたりといった霊性の修行をして10年以上になりました。

ホメオパシーでどうやっても治癒しないケースがいくつかあって、そういうときは、カルマなどの霊的な原因が多かったので、この子も、霊的な側面から見たわけです。

この子は、子どもだけれど霊性がとても高いのです。高いので、もっともっと霊性を上げないと、この子の病気は治らないのですね。子どもながらも修行をしなければならない。日々、霊性を高めることで、病気が楽になっていく。それに気づくように、病気を与えられていたのです。

この子には白衣《びゃくえ》観音さんがついていましたので、白衣観音さんにお願いして、毎日心経9巻をやりなさいと言いました。9歳の子に言わなければいけない私も大変なんですけれど、この子は霊性的には大人なんです。この子の6代前の先祖が宗教家の男性で、その後を継いで宗教家にならなければいけない運命ですね。だから、この世的な価値観で欲をかく、たとえば勉強して優秀になろうとすると、また紫斑病が現れてくるという状況です。

〇〇君へ
紫斑病をよくするためには、もう少し運動をしましょうね。
また、紫斑病になった理由を霊的に見ると、あなたはクンダリーニという神様の意志のエネルギーの流れる量が多く、それに対し、エネルギーの通る管が細く、流れが悪くなっているために、生じていることがわかりました。クンダリーニ症候群に対しては、レメディーでは太刀打ちできません。その病気は神様の意志によって生じているものだからです。ですから、祝詞、般若心経を唱え、神仏に帰依《きえ》し、意識を変え、管を太くしていくことでしか、この病気は治っていかないのです。

こうした内容のお手紙を送って、般若心経をやってくださいと話をしたのですよ。
その後、2回目ですね。

■DVDケース①　2回目（2016年9月30日）

［由井］今日はさ、膝のところやっぱり紫斑がある？　出ている？

［母親］出ていないですよ。最近そんなに酷いあざは出ていません。

［由井］ＯＫ。いやもう、たまげましたよ。しっかりクリアして。

（男児に）般若心経やれる？　やる？　やってみてごらん。

［男児］摩訶般若波羅密多心経……。（と言い、長い紙を出す）

［由井］おー作ったのか。ちょっと貸してみ、おー！　写経している。うまい。さすがだな。

［男児］夏休みの自由研究。

［由井］すごい、みんなびっくりしたろ。いや、すごい。

（母親に）この子はやっぱり修行をしないと、病気は治らないの。この子の病気は。

（男児に）君も聞いてごらん。たぶん大人の頭をしているからわかるだろう。クンダリーニの病気でね。クンダリーニというエネルギーが流れる管、管ってわかるか？　筒みたいなやつ、君の場合は霊性が高いから、管も大きくなければいけないんだ。

［男児］霊性が高いから、その分、管も大きくなければいけない？

【由井】もともとは大きいんだよ。ところが、いろいろな要因で、たとえば「あっ、自分はダメだ」とか、「自分はいい点数がとれなかった」とか、「自分は体が弱いんだ」とか、「自分はやれない」となった時に、管がきゅっと小さくなる。そうすると、流れなきゃいけないクンダリーニのエネルギーが流れないから、君は病気になるわけ。

　今、君が悩んでいるのは何だ？

【男児】勉強かな。勉強が、あまりよく頭に入ってこない。

【母親】受験したいと言っているのですが、塾に行ったら体調を崩してしまうのですぐに止めて、今は家で、通信で勉強しているのです。

【由井】君は勉強するな。

【男児】（泣き顔になる）

【由井】悲しい顔をしている。今の君が勉強しなければいけないのは、この勉強じゃない。違う勉強をしなければいけない。泣きそうになっちゃっているじゃない。

【男児】（泣く）

【由井】ごめんな。勉強したいんだな。ＯＫ、泣いてごらん。まずは泣け。

【男児】（泣く）

【由井】そうか。そうか。勉強したいんだな。だけど今、君が勉強したいもの、算数とか国語とか、社会とかを勉強しても、君の霊性には何の役にも立たないのでな。君がそこをやればやるほど、欲が出てくるんだよ。それが欲になっちゃうんだよ。欲は穢《けが》れになる。だからもっと楽しむこと、エンジョイすることが、君にはもっと必要なんだ。

自然の中にいて自然観察ってあるじゃないか。そういうことの方が必要なんだよ。この世的な教育を受けると、勉強すると、君の血小板がまた少なくなっていくんだよ。

特に何をやりたい、君は、算数？

【男児】社会。理科が一番苦手だけれど、理科と社会だったら社会をやりたい。

【由井】社会とか理科が苦手だから、克服しようとしているの？

【男児】うん。

【由井】それではベースが「僕が駄目だから努力しなきゃ」となるだろ。

【男児】だからまた管が縮んじゃう？

【由井】またこれが穢れになるんだよ。ベースは、「自分は駄目だから」じゃなくて、「社会が好きだから」だったら、そういう風にはならないよ。ダメだから頑張らなきゃと思ってやるから、血液が音《ね》を上げちゃうわけよね。だから、本当に好きなものは何か？といいうことさ。自分が好きなものは何か、自分に聞いて、それを一生懸命やるのが大事なんだよ。自分は社会ができない、理科ができない、こういう自分の弱点を愛するんだ。受け入れるんだ。許すんだ。そうしたら、その紫斑病は治っていくんだ。

おばちゃんはヨガをやるわけ。ヨガをやっているけれど、1年経っても1ミリも動かない股関節を受け入れて、許してみようと思ったんだよね。そうしたら、その後に少しずつ、少しずつ、股関節がありがとう、愛してくれてと言ってくれるのが伝わってきたよ。分かるか？

［男児］（泣く）

［由井］ だからさ、君の体も愛してあげなきゃいけないよ。ちょっと激しい運動や、頭ばかりを使って寝ない。睡眠が足りないとすぐ紫斑病が出るじゃない。それでも、許してあげるんだよ。これは、疲れたよって体からのメッセージなんだよ、君に対しての。

今日帰ったら、僕の体、僕の血管、僕の血液、今まで無理させてごめんねって言って、撫でてあげる？　やる？

［男児］（泣きながら）うん。

［由井］ よし！

【男児】（号泣）

【由井】自分の体に今までずいぶん無理をかけてきた。だから優しくしよう、これから。自分の意思力で突き動かして、夜遅くまで起きて勉強することはまかりならんのだよ。もうこれぐらいで止めて、寝てあげようと決めてごらん。

いいよ、社会とか理科とか、少しずつ、少しずつ、少しずつ、1点でも多くとりたいと思う気持ちは構わないから、少しずつ、少しずつやってごらん。いいね、無理をしない。無理をしているんだったら、すぐに止めなければいけないな。

そうしたら今日、この建物の2階、神棚のあるお部屋に行っておいで。今度やろう。一緒にな。写経ありがとうな。見せてくれて。

〈ＤＶＤ終了〉

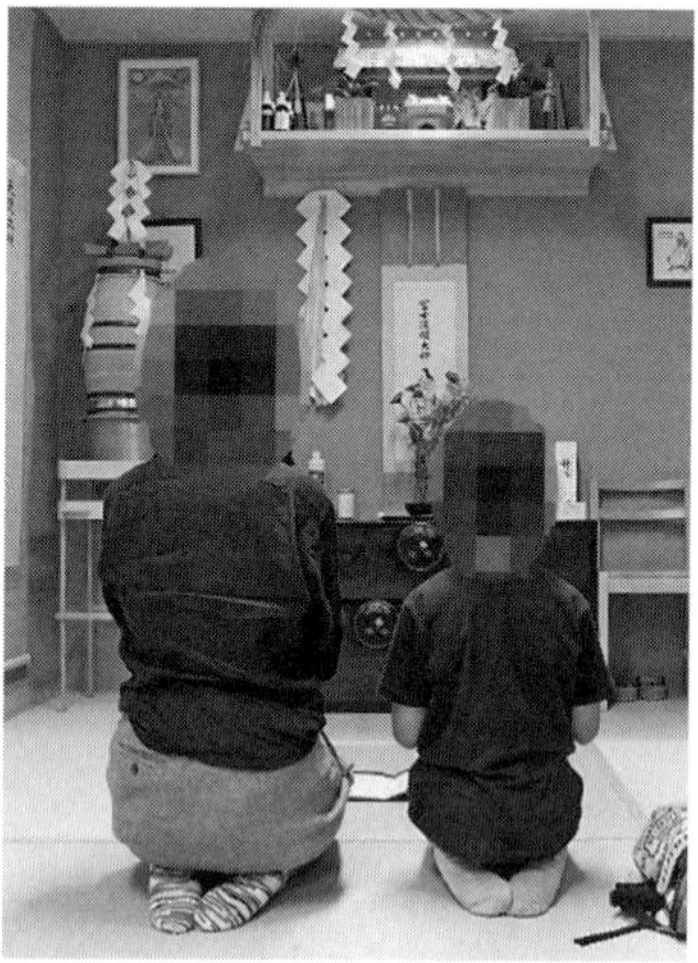

この子は、怪我をすると血液が止まらなくなりますから、外に出て遊んだことはあまりないのですが、豊受自然農の収穫祭にも来てくれて、よかったなと思います。

　彼は、お母さんを幸せにしたくて、ランクの高い中学を受験しようと思っています。お母さんはやらなくていいよと言っているけれど、やっぱり潜在意識では、優秀であってほしい、体が丈夫であってほしいという気持ちがあると思うのですね。彼は霊性が高いために、それをキャッチしてしまうのです。

　また、クンダリーニ症候群というのは、神様が作った病気だから。私たちには治すことができないのですね。血液の病気は、そういうことがすごく多いですね。
　もちろん、意識が変わることでクンダリーニ症候群は治っていきますから、意識を変えていけるように、そして、少しでもよくしてあげたいので、レメディーを処方しました。

腎臓サポート。腎臓は、血液をろ過してきれいにする臓器です。

朝はソーファー（Sulph.／硫黄）。自己愛を増やすためです。硫黄というのは、自己愛が増えるレメディーです。

昼はバシライナム（Bac.／結核）。褒められたいという意識が強い人は、結核に罹りやすいですね。「できないかも」「勝てないかも」「優秀にはなれないかも」と、どこかで疑いがあるのです。でも、やってみたいと思うところが、結核の特徴です。

夜は、斑状出血、やり過ぎに合うアーニカ（Arn.／ウサギギク）。血管をしっかりさせ、打撲に合い、出血を止めるレメディーでもあります。

病気はこうして、神様、仏様からのメッセージであることが多いですね。

では、3回目を観ましょう。

DVD ケース①　2回目
（第12回 相談会　2016/9/30）
ZENホメオパシー…魂と心と体を三位一体で癒す方法

随時	φ腎臓サポート	血液ろ過機能を増やす
朝	Sulph.（硫黄）LM7	自己愛を増やす
昼	Bac.（結核）LM8	褒められたいができないかも
夜	Arn.（ウサギギク）LM9	斑状出血　やりすぎ

■DVDケース① 3回目（2017年1月20日）

［由井］一番酷いときが5.7だったんだね。あとはキープしているんだよね。8.9とか10とか8.4とかキープしているね。よしよし。まあ、多少の上がり下りはあるけれど、前みたいにどーんと上がりすぎたりはしていないね。

受験は、中学受験をするということ？

［母親］中学受験です。ただそこは、本当に成績が良くないと入れないので、あくまでも目標で。

［由井］（男児に）君、滑ったときに自分のこと、責めない？ それを、責めないんだったら受けていいよ。責めるんだったら、やっぱりちょっと体に悪いからね。約束は、もし滑ったからといって自分を責めない。

［男児］自分を責めない。

［由井］そうそう、自分を責めない。自分に起こる現実を、そのまま、ありのまま受け取れるというのは、ものすごく霊性が高くて素晴らしいことなんだ。それが、君ならできると思うよ。だからもし滑ったとしても、そうやって受け止めてもらいたいし、他に、君に

合う学校があるはずなのね。

毎日、般若心経を頑張ってやってくれたんやな。偉い。これは受験があっても続けるんだよ。いいかい。

(母親に)霊性の問題以外に、母方の血の濁《にご》りというのがあって、その影響を彼が、紫斑病という形で受けているそうですわ。お母さん、この子、やっぱり悲しみが強いですわ。悲しみの大元というのが、お母さんに関係するみたいですわ。

あなたはひとつの美意識を持っていて、いわゆる〝厳しさ〟と言えばいいのかな？それが、どうしても子どもにも伝わっちゃうわけ。お母さんが泣いて、お母さん自身が辛いと弱音を吐けて、本音を言えるようになったら、彼も、もっともっと楽になるんだ。気持ちがね。お母さんのインチャをどんどん癒して、自分を許していかないと、彼が悲しむんだよ。彼は、あなたが苦しんでいることを知っているからだ。あなたが思っていることは全てわかっちゃうんだよ。逆転親子というか、親としても、愛したくても愛し方がわからないんだよね、自分より霊性が高い子に対しては。見ているところが違うから。そうすると、彼は理解されていないなと思うんだよ、あなたから。

[母親] うん、そうだと思います。私のことはすごく理解してくれるけれど、この子は私

に理解されてないなと思っているだろうことはわかるので。

【由井】そう、魂が、彼の方がお父さんで、あなたのお母さんなんだよ。

【母親】そうですね。なんか、年上と話しているような気分になって。

【由井】あなたのことをいつも思い量っている。だからお母さんが癒えなければ、彼がいつも悲しみを抱えてしまうということ。私は何が辛かったのかというのを、振り返らなければ。インチャ癒しというのだけれど、あなたが癒されたら、彼はすごく幸せになって、本当の自分の道を行けるようになれるんだよ。あなたが、母親に言われて傷ついたこと。母親に言われて死にたくなった言葉。これを全部書き出す。なんでお母さんこういう酷いことを言うのとか、酷いこと言われて辛かったねって、インチャの言い分を表現させて、自分が共感してインチャを慰めてあげてほしい。

【男児】(突然男児が泣き始める)

【由井】(男児に)おばちゃんがいつもお母さんに、こういうインナーチャイルドの話しをすると君が泣けてくるのは何でだ?

【男児】(泣きながら)なんか色々よくわからないけれど、複雑な気持ちになって、悲しくなる。

【由井】悲しくなって、複雑な気持ちになるんだね。よくわからないけどね。で、泣きたくなるんだね。

（母親に）お母さん、この子はやっぱり、あなたが幸せになってくれることを心から願っているよ。だから幸せになろう。お母さんが悲しんでいるというのが辛いんだ。それも全部わかっちゃうから。お母さんが自分自身をすごく責めていることもわかっちゃうから。彼はすごく辛いみたいだね。お母さん自身、魂が傷つくことをしているというのを、わかっているから。

【男児】（号泣）

【由井】いいかい？　お母さんにはお母さんの魂がある。君には君の魂がある。おばちゃんはおばちゃんの魂があるんだ。ひとりひとりな、宿題が違うよな。ひとりひとりがその宿題に合わせて、苦しい状況をもらっている。苦しい状況がないと、自分を変えることができないからだ。だから、どうすればできない自分、うまくいかない自分、１００点をとれない自分、お料理が下手な自分。どうすればこういう駄目な自分を、それでも自分は自分を見捨てないで愛せるかということの勝負なんだよ、この人生は。今、お母さんな、自分を見つめて、泣いてもいいんじゃないかな、怒ってもいいんじゃないかな、そして、自分が弱くてもいいんじゃないかなというところに行こうとしているんだよな。

（母親に）今日、やるんだものね、これからね。

［母親］ はい。

［由井］（泣く男児とハグしながら）そうか、そうか。わかるよ。大変だったな。大丈夫だから。いいかい。大丈夫だよ。

〈ＤＶＤ終了〉

こういうケースでした。前は乱高下だったけれど、般若心経をやるようになってからはもう乱高下はなく、徐々に上がっています。今はもっと上がっています。

「嗚呼、ホメオパシーのレメディーが効いていない」というケースに遭遇したとき、霊的な問題、神様仏様の問題があるんじゃないかと、総合的に見ていくことが、治癒に導くには必要だと思います。

この子の場合、私に勉強するなと言われたり、母のインチャの話になると、すぐ涙が出てきて、泣いていますね。

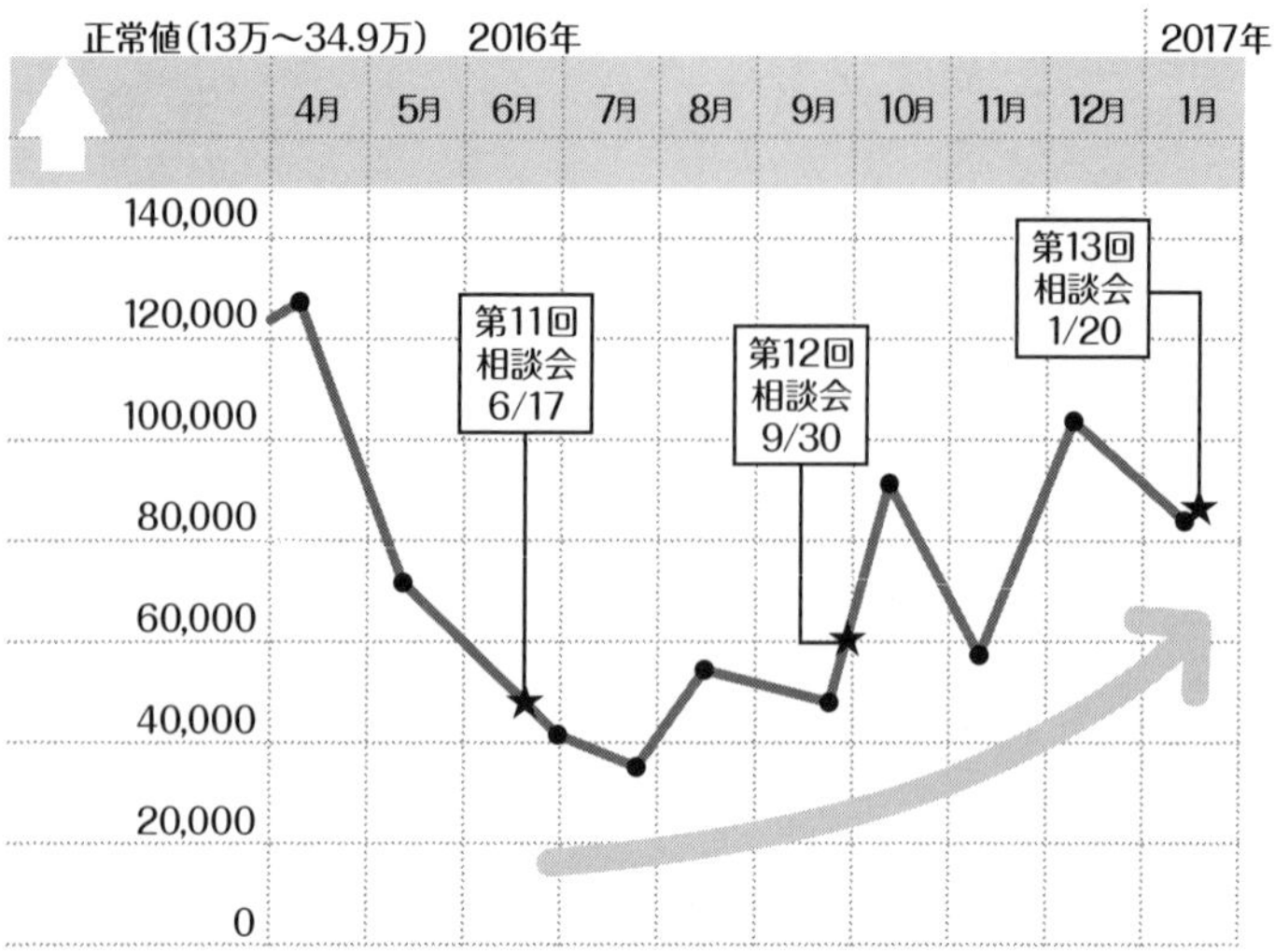

母は、表面的には優しくしています。ですが無意識的には、この子が紫斑病であることを受け入れられないところもあったんじゃないかと思います。体が弱い、だから勉強ができないということを受け入れるのは、難しかったのかもしれません。お母さん、インチャがあって、ちょっとプライドが高いからですね。

お母さんが自分自身を責めているからこそ、子どもも同じように、自分を責めてしまうわけです。だからこの子は無意識に、頑張らざるを得ないのですよ。

お母さんは、顕在意識では勉強しなくてもいいと言っていますが、やっぱり、勉強ができて見返してやりたいといった、潜在意識でもっているプライドが、霊性の高いこの子には手に取るように全部わかっちゃうわけです。

なぜこのお母さんのプライドが高くなったかというと、姉妹の問題です。妹さんはすごく愛されていて。妹さんは膠原病のような病気を患っていましたから、親はどうしても病気をもっている子にかかりっきりになります。彼女は、放置されていました。だからこのお母さん、親から愛情をもらっていないのですよね。父親からは叩かれて、叩かれているときも母親は黙って見ているばかりで、助けてくれなかった、庇ってもくれなかったと。

だから彼女はひとりで育って、弱音も吐かずに、プライドをもって頑張ってきたと思うのです。私はひとりでもやれるわよとプライドで保っているわけね。

この子はＤＶＤ２回目のときに泣き崩れているけれど、お母さん、手も出さないで彼ひとりで泣いていましたね。やっぱり、母子の間で距離がある。クールにしている。非常に美意識が高い人だから、「泣くな、弱音を吐くな」と思っているのでしょう。そうやって生きてこなければならなかったわけです。誰ひとり、紫斑病だからと助けてくれるわけでもなく、いつかこの子が死ぬのではと、いつも断末魔にいたわけだから、お母さんも大変だったわけです。それでも弱音を吐かず頑張って気丈にしていたわけです。

この子はこの子で、頑張れない自分、紫斑病になってしまった自分、勉強ができないところ、体が弱いところ、それを無意識下で、この子自身も責めているのです。

紫斑病の体で勉強すればするほど、脾臓《ひぞう》がやられます。脾臓は造血など血液に関わる臓器で、気を作る臓器ですから、体が成長しているときにそのエネルギーが勉強に使われてしまうのでなお悪くなるんですが、どうしても、お母さんの希望を叶えてあげたいから一生懸命やってしまいますね。

まずお母さんが、プライドが高いという認識をもたないと、そこを癒すことはできません。母から愛されなかったから。父から愛されなかったから。これを認識することが、まず大事なんですね。人に弱音を吐けないわけですから。愛されずに駄目な自分を許すにも、自分は妹より愛されなかった、駄目だったという認識がなければ、許すこともできないよね。

どうしてプライドが高くなったか、対抗意識が出たかというと、やっぱり、無意識下で自分は駄目だと思っているからこそです。自分は駄目じゃないんだと、対抗価値観やプライドで守ろうとするわけです。

過去、母親を取り合った妹との競争に、自分は負けたのですよ。親の愛情を奪い合うその競争に、妹に、負けてしまったわけです。それをしっかり知る必要がある。自分を駄目だと認めることができると、自分を許せる可能性ができますから。許すと、優秀でなければいけないというこの世的価値観が緩んでくるはずです。母親自身のね。そして、母の価値観が緩むとこの子も、優秀でなければならない、頑張らなくてはならないという価値観が緩んでくるはずです。

自分は駄目なところがある、だから妹より愛されなかったのだという事実。この世的には駄目だというところを、認めること。

お母さんがインチャを癒していけば、自分は妹に負けた、私も妹のように愛してほしかったと泣けたら、この状況は変わってくるはずです。自分はもっと弱音を吐きたかったし、自分は弱い人間なんだ、自分は本当は泣きたかったんだと認めていくことで、この子の紫斑病は治っていくし、いい学校に入りたいなどという気持ちも、減っていくと思います。

今、お母さんはインチャ癒しをやっています。一生懸命、自分を見つめて、自分のプライドをひとつひとつ外していっています。素晴らしいと思います。お母さんの優秀インチャが癒えた暁には、この子の紫斑病も治っていくと思います。

第4章　インナーチャイルド――癒しのステップ

では、インナーチャイルド癒しについて、お話していきましょう。

インナーチャイルドとは、抑圧した感情でしたね。インナーチャイルド癒しは、抑圧した感情を解放し、感情が生じる原因となった価値観を解放することです。

ステップ1　感情が生じる出来事に遭遇する

抑圧した感情を解放するにはまず、「感情を感じる」こと。怒っているんだ、泣きたいんだ、悲しいんだ、恐れているんだとしっかり感じることが大切です。感情が深ければ深いほど、あるいは激しいほど、この世的価値観にものすごく囚われているということです。泣いてはいけない、怒ってはいけない、大人だから恐れてはいけない、臆病ではいけない、感情が乱れないよい子でなければいけないといった価値観に囚われているということ。だから感情を解放していく。それだけでも、この世的価値観が緩んでいきます。

感情は強い願いです。感情を解放することは抑圧した願い、価値観を表現させてあげるということです。価値観を解放するためには、まず、抑圧した願い、価値観を明らかにすることが大事なのです。

では、気づくためにはどうするか。

感情が生じる出来事に遭遇しなければいけないわけです。抑圧した感情を解放するには、その感情があるということに気づかなければいけない。現在生じている感情は、ほぼ、100%と言っていいぐらい、過去の抑圧した感情を感じているのです。上司に酷いことを言われたから、今のあなたが苦しいわけじゃないのですよ。そこに傷がなければ、何も感じません。

ですから、感情が生じたときこそ、抑圧した感情に気づき解放するチャンスです。

感情が生じるような出来事に遭遇する、そういう人に出会う、それが大事なのです。だから、もう相手を憎むのはやめませんか。その人の存在は、ありがたい。その出来事は、ありがたいわけです。あなたの未解決な感情があるということを知らせてくれるから。嫌な出来事、嫌な人がいてくれるから感情が現れ、インチャの気持ちに共感して、感じることができる。だからこそ、感情を生じさせてくれる人はありがたいなと思います。

裏を返せば、感情が生じる出来事に遭遇しなければ、なかなか抑圧した感情に気づくことができないということです。生じた感情、インチャの気持ちに共感して、じっと寄り添ってください。まずこれがステップ1の1。「感情が生じる出来事に遭遇する」です。

ステップ1の2　自分とインチャを分離する

この感情はインチャの感情であると、分離しましょう。今ある怒り、恐れ、悲しみ、泣きたい気持ち、この感情はインチャの感情であると分離します。

だからといって、たとえば一生懸命山に登って、山頂で見た雲海が美しくて涙が出たときに、「これはインチャの感情だ、だから分離しなきゃ」じゃないんだ。これは、今の自分が感激したんだ。全部がインチャの感情じゃありませんからね。

昔、似たような出来事で生じた感情を抑圧したから今、その感情が浮上しているだけなのです。ほとんどがインチャの感情ですから、感情が生じたときに「これはインチャの感情であって、大人の私の感情ではない」と意識して、分離しましょう。分離することで、感情に巻き込まれることが減り、客観的に自分を見つめることができるはずです。

ステップ1の3　インチャの感情を感じ切って共感する

この感情はインチャの感情だと自覚し、積極的に共感し、その感情を感じ切ります。そして、苦しかったね、大変だったね、あの頃は。悲しかったよね、独りぼっちだったよね、怖かったね、怒りたかったねって、インチャの感情に共感してあげましょう。インチャはこの苦しみをわかってほしいと思っています。誰に？　大人のあなたに。だから、この苦しみをわかってあげる。共感することです。

自分はいい人間だと思っている人、思いたい人ほど、インチャ癒しはできません。憎んでいる自分がいるんだから、正直に、憎んでいると言えばいいのです。インチャは自分の苦しみをわかってほしくて、この感情を出しているわけですから。共感してわかってほしいのですから。その願いを叶えてあげましょう。共感してあげましょう。

ステップ1の4　感情を抑圧した過去の出来事を探り共感する

過去に同じような状況で、その感情を抑圧したことはないか。共感しながら、過去に似た状況で感情を出せなかった、泣けなかった、怒れなかった、恐れられなかったことを思い出してみましょう。より古いエピソードを思い出せるといいですね。過去の出来事で、そのとき感情を抑圧しなかったか分析し、じっくり思い出しましょう。

もしも思い出せなくても、あなたの感情が乱れている、感情が出るということは、インチャがいるということです。過去、確かにあったはずです。いるに違いないと想定してみましょう。お母さんに文句を言いたかった。褒めてほしかった。いいよと言ってもらいたかった。甘えたかった。当時の幼い自分の願い、どうしてほしかったのかを聞いてごらん。

過去の出来事を思い出したら、共感してあげます。怒りたかったよね。怒るのも無理ないよね。苦しかったよね。恐かったよね。逃げたくなるのも仕方がないよねと、抑圧した感情に共感してあげます。

ステップ1の5　怒り・恐れの感情を解放し、インチャの願いを叶える

感情の解放は行動を伴いますから、まずは行動を起こしましょう。たとえば、怒りであるなら、相手を攻撃する。殴る。罵る。怒りの感情を表現させてあげます。相手をイメージして実際に枕を殴ったり、言葉に出して罵ったりするのです。もちろん、全てをイメージの中でやってもかまいません。表現されなかった感情がインチャですから、まずは表現されなかった怒りや恐れを表現させてあげるわけです。

また、感情が表現されたとしても、思い通りにならなかった出来事は、やはり満たされない欲、インチャとなって存在し続けますから、思い通りにならなかった出来事をイメージの中で思い通りにします。感情は強い願いですから、感情の中にあるその願いを聞いて、具体的に、イメージで叶えてあげてください。思い通りになったかのようにイメージすることで、インチャの願いが達成され、解消します。

怒りのインチャの願いは、「相手を打ち負かしたい」「相手を屈服させたい」です。ですから、相手を殴ったり、罵倒したりして、怒りの感情を表現させた後は、相手を打ち負かすイメージ、相手を屈服させるイメージ、相手に勝つイメージをしましょう。だから、土下座でもいいですよ。イメージですから、何も害にはなりません。イメージの中で相手を土下座させて謝らせるのです。これが「怒りのインチャの願いを叶える」です。

先に例にあげた声の大きな社員は、「うるさいな、おまえは」などとずっと言われ続けていたと思うのです。だから「ちょっと静かにしてくれないか」というひとことに、すごく反応したのですよね。彼の怒りは、自分は悪くないのにどうして怒られなければならないのだという、親に対する怒りだったりします。一方、私に生じた彼に対する怒りは、自分の非を素直に認めようとせず、被害者になろうとする小学校時代の友人に対する怒りだったりします。

だから、その表現されなかった怒りを表現させてあげるわけです。「うるさい、うるさいって、おまえの方がうるさいじゃないか。俺はうるさくない！」とか「おまえが悪いんじゃないか、なに被害者になってんだ。ふざけるな！」と、当時の相手が目の前にいるようなイメージをして、言葉にして言うんです。これが、抑圧した怒りの解放です。そして、親や友人に土下座させて「私が悪かった。許してほしい」と言わせるのです。

室生寺

恐れの感情の解放は、恐れの感情を表現させてあげます。「恐いよ、恐いよ」と言葉にして言ったり、イメージの中で逃げましょう。実際、あなたは逃げ出したかったのだから。あるいは、失敗を恐れて一生懸命頑張ることをイメージします。何度も繰り返し練習して完璧にできる自分をイメージします。実際、あなたは上手くできるようになるまで頑張りたかったのだから。

そして、恐れのインチャの願いは、親や周りに評価される、認められる、褒められることです。ですから、「よくできているじゃないか、いいぞ」「頑張ればできるじゃないか」「すごい！　こんなにできるとは思わなかった」と親が言ってくれるイメージをしましょう。

一方で、これまで頑張ってきたことを認めてあげましょう。恐れがあったからこそ、親や周りに評価されたくて、頑張って優秀になろうとしたわけです。まず、頑張ったことを褒めてあげましょう。「頑張らなくていいんだよ」と声をかけると、頑張ってきたインチャは否定されたと感じてしまいますので、親の期待に添って、よく頑張ってきたな、よくやったなと褒めましょう。

何をやっても駄目出しをするお母さんが、「よくやったじゃない、頑張ったね、○○君、○○ちゃん」と手放しで褒めてくれるイメージをしたらいいのです。あの鬼のような親は絶対に言ってくれないと思うのなら、大人のあなたが、「○○ちゃん、頑張ったね、○○君、ようやったね、頑張ったね」と褒めてあげてください。恐れが減ってくるでしょう。

さて、ステップ1の1番から5番までが終わりました。

次に、ステップ2です。価値観の解放です。すでにもっているこの世的価値観で裁き、裁かれ、インチャができるわけです。この世的価値観を解放するには、駄目な自分を許すことが必要になります。

感情には大きく分けて「怒り」「恐れ」「悲しみ」この3つがあります。怒りの奥には恐れがあって、恐れの奥には悲しみがある。最終的には、悲しみに戻ることが大切です。悲しみの感情に共感し、わあわあ泣くことができたらいいのです。駄目な自分を許してほしいから、泣くのですよね。ですから、イメージの中で許してあげましょう。「できなくてもいいよ、よく頑張った、それだけで十分だ」と言ってあげるわけです。親が言ってくれるイメージができたら、もっといいですね。

ステップ2の1　自分の駄目さを認識させられるような出来事に遭遇する

抑圧した感情を解放し、最終的に、悲しみの感情に戻らなければなりません。そのためには、自分の駄目さを認識するような、否定されるような、自分の未熟さを痛感するような出来事に遭遇しましょう。

それを恐れない。あえて立ち向かおう。自分の駄目さ、未熟さ、弱さを痛感するため、負けるために遭遇するのです。

ステップ2の2　負けて対抗価値観・プライドを解放する

怒りで抵抗することはもうやめましょう。恐れにより、頑張ることもやめましょう。相手の言うとおり、自分は駄目だと認識し、対抗価値観を解放します。

負けましょう。プライドでもって戦わない。

「いや、時間さえくれたらきちんとコピーできます」ではなく、「やっぱり迅速・きれいにコピーがとれない自分は能力が劣るな」と認める。負けるということは、対抗価値観を解放するということです。両手をあげて降参するということです。

ステップ2の3　悲しみに戻る

駄目な自分を認めたら、戦いに負けて、悲しみに戻れるはずです。悲しみに戻らなければ、優秀インチャは癒せません。愛される条件であるこの世的価値観を解放することもできません。悲しみに戻ることが、解決の大元です。

最初、あなたは悲しかったんだよ。愛されなかった、そこから始まったのだから。

ステップ2の4　悲しみの感情を解放する

悲しみの感情の解放を行います。もともとあなたの願いは何だったのか？　よい子でない自分、できない自分、見た目がよくない自分、劣っている自分、駄目な自分を許してほしかったんですよ。それでも受け入れてほしかったんですよ。それでも愛してほしかったんですよ。許してほしくて泣きたかったんですよ。自分は駄目だなとしみじみ思うと、涙が吹き出てきますよ。

その悲しみの感情を、イメージの中で解放してください。愛して！　受け入れて！　許して！　と子どもに戻ってわんわん泣きましょう。

ステップ2の5　駄目な自分を許す（悲しみのインチャの願いを叶える）

悲しみのインチャの願いを叶えてあげます。自分はよい子じゃないけど、優秀じゃないけど、美人じゃないけど、駄目だけど、それでも愛してほしいという願いを叶えてあげましょう。許されること、受け入れること、愛されることで、この世的価値観を解放できます。

イメージの中で「お父さん、お母さん、ごめんね、自分、点数が悪くてごめんね」と許しを求め、お父さん、お母さんに「悪かったな。つまらないことで叱って、辛い思いをさせたな」と言われるイメージをします。

繰り返し、イメージしてみてください。鬼のような親だから無理だというなら、大人の自分が言ってあげましょう。どんな形であれ、インチャが「許された」という感覚を持つことがとても大事です。

許されること＝愛されることです。許されて初めて、この世的価値観、愛されるための条件を解放できます。

そうした過干渉とは異なり、親から無関心にされた、空気のような存在で、いるかどうかわからなかったという子は、最もかわいそうな子です。こういう子はどちらかというと、厳しく叱るイメージをした方が、生きている感覚が得られると思います。

自分を否定する出来事が生じたとき、人はどんな行動をとるのでしょうか。

①自分の未熟さを認める（悲しみ）

②自分の未熟さから逃げて頑張ろうとする（恐れ）

③自分の未熟さから逃げて頑張ることからも逃げて戦おうとする（怒り）

④自分の未熟さから逃げて頑張ることからも逃げて戦うことからも逃げる（敗北感・無力感）

ほとんどの人は3番、怒りで戦おうとしますね。誰もが、頑張ることを諦めて怒りに逃げたい。

「君、駄目だな。なんでコピーがちゃんとできないの」って言われると、怒りが出てきて、自分を正当化したくなったり、「おまえも駄目だろ」と相手を否定したくなります。「いや、あなたも変なコピーとっていましたよね。知っているんですよ。私、部下だから言わないだけですよ」「上司だからって何言ってもいいわけじゃないですよ」そこをぐっと堪えて、相手が言うことは正しいんじゃないかと思う努力をします。苦しいですけど自分の未熟さを見つめていくこと、そして認めていくことが大切ですよ。

「君、駄目だね、このコピーじゃ」「すみません、すみません、次、頑張りますから」と米つきバッタのように必要以上に謝る、これは、2番の恐れですね。

4番は、負けているように見えるけれど、負けてないんだ。『負けることは善』という価値観で負けたふりをしているだけであって、自分をさらに分裂させているだけです。怒りを抑圧したまま負けることは、本当に負けることにはなりません。依然として駄目な自分から逃げているだけですから、武器は手放せない。本当に負けることができない。渋々、わかりましたよって。「どうせ、私は駄目なんでしょ」という投げやりな感じです。暴力で無理やり押さえつけられて、従わされてきた人たちの特徴ですね。

そうではなくて、本当に負ける、本当に未熟さを認めることが大事なのです。

怒りで対抗しても暴力で無理やり押さえつけられて、怒りも出せない状況になると、このように敗北感、無力感に行き着いてしまいます。

何をしても結局、敗北感や無力感を感じるようになると、コピーのとり方1枚を注意されたことで、次の日には会社を辞めてしまうのです。

第5章　ふたりの障害児をもつ母のケース

この人は、人生の中で、渋みというか、苦しみというか、いっぱいもらいましたね。ふたりの障害児をもつ母親で、いつも不安で自信がない。ひとりは二分脊椎症。車いすに乗っています。もうひとりはてんかんがあり、自閉症。脳に障害があります。長い間このふたりを診ましたけれど、てんかんも治らないし、もちろん、二分脊椎症も治らないという状況でした。

こちらのお母さん、親からいらん子と言われて育ち、ふたりの障害児をもち、夫と離婚することとなりました。まあ、離婚は悪いことではないと思いますが。でもそんな苦しい中でも諦めず、娘のてんかんを治したいと私にしがみついてきて、下の子の二分脊椎症もなんとか治って自力で歩けるようにならないかと、そう思って13年も続けてきたのに、無情にもてんかんが治らないのです。そして、下の子も歩けるようにならないのです。私も、なんとかしてあげたいと思ってきたのですけれど、どうしても治らないのです。
それはなぜか？　というところで、掘り下げていきたいと思います。

親としては、子どもが大事ですから、ずっと、子どもの相談会ばかりやってきました。折々に、お母さんにもレメディーを出したことはありますけれど、きちんと時間をとって、彼女のために相談会をやったことはないわけです。
そうしたら、ある日、このお母さんが変わり始めました。お手紙が来ましてね。

42歳·女性　自閉症でてんかんのある娘と二分脊椎症の娘、二児の母

寅子先生へ
なぜ娘の痙攣《けいれん》は治らないのでしょうか。こんな長くやっているのに。

ホメオパシーなんていつまでやっていてもしょうがないんだよって主人に怒られて、なぜ言い返せないのだろう。いつもいつも、自分はこんな風に思ってしまいます。

そんなとき、先生の書籍を読みました。そして、私が原因なんだ。私が変わらなくてはなにも変わらない。私のインナーチャイルドを癒してあげなきゃと、気がつきました。

これまで、自分に向き合うことがなかなかできませんでした。子どものためとばかり思ってきましたけれど、まずは自分を好きにならなくちゃと気づけたのは、私にとってラッキーだったと思います。

寅子先生、どうぞ力になってくださいませんか。先生の本で勇気が湧いてきたのです。

怖くて仕方がありませんが、これからは自分らしく生きていきたいと、心から願っています。


ではＤＶＤをお願いします。

■DVDケース②(2012年3月1日)

[母親] 自分が死にたいのですけれど、自分が自殺するよりも「消えてなくなったらいいのに」と思っちゃう。
[由井] この子らがってこと?
[母親] (頷く)
[由井] そう思っちゃったりするわけね。それで、自分を責めるわけだよね。
[母親] はい。
[由井] 子どもの頃にすごく辛いことがあっても、それを聞いてくれる親がいなかったはずなんだよ。だから、言ってもしょうがないやと自棄になって、ぐっと堪えるようになって。辛くてもSOSを出さないような性格になったんだと思うのね。表面は明るいふりをしていたと思うのよ。でも、自分なんか取るに足りない人間なんだと思ってなかったか。
[母親] 思っていました。
[由井] 生まれてこない方がよかったんじゃないかとか、思ったことはなかったか。
[母親] いっぱい思っていました。私を妊娠したとき、兄弟が多かった上に、一番お金が大

変な時だったみたいで。だから母から、私を産むのをやめようと思ったとか、橋の下に捨てられていたから仕方なし拾ってきたとかいろいろ言われて。いない方がいいなと思った。

[由井] 苦しみがなかったら、探し求める必要がないからね。順風満帆でいっている人たちは、自己改革なんてする必要ないわけじゃない。この子たちより何より、自分を癒さなければ駄目だと気づいたんだよね。

[母親] はい。

[由井] 素晴らしいと思う。苦しいんだよ、だってこの子は発達障害、もうひとりは二分脊椎症だから。大変だと思う。だから、この苦しみがあるというのは、そのまま受け取っていくこと。いいんだよ。

(女児に) 今、お母さん、泣いているね。

(母親に) ほら、こういう感情も、この子はわかるんだよ。優しい子だからね。あなたが幸せになったら、この子もものすごく幸せになると思う。

今日こうして来たことは偉いって、自分を褒めてあげること。よく死なないで生きてきたぞって。

〈DVD終了〉

自分をすごく責める人なので、やっぱり自分の子も責めてしまうのですよ。うちのふたりはどうしてこんな風になってしまったのだと責めちゃうのです。

レメディーは、この人ちょっとミネラルが不足していたので、子どもが奇形になったのでしょう。まずミネラルサポート36種、必須ミネラルを与えました。随時です。

朝に、自分をもっと愛するように、自己愛を増やすためにソーファー（Sulph.／硫黄）。

昼に、こういった奇形の子どもが生まれるということはやはり、梅毒マヤズムですから、スフィライナム（Syph.／梅毒）。

夜に、シーピア（Sep.／イカスミ）。この子が消えてなくなればいいと言いましたけれど、あなたもそうかと聞いたら、はい、私もそうですと言いましたから。消えてなくなりたいという場合は、シーピアがいいですね。

DVD ケース②（2012/3/1）
ZENホメオパシー…魂と心と体を三位一体で癒す方法

随時	φミネラルサポート	
朝	Sulph.（硫黄）LM1	自己愛を増やす
昼	Syph.（梅毒）LM2	破壊
夜	Sep.（イカスミ）LM3	消えてなくなりたい

ハーネマンたちが今から250年前に、さまざまな物質をとって、体や心がどういう状態になるのか書き取ったものを「マテリア・メディカ」といいます。その中に、イカスミをとったら多くの人が、「消えてなくなりたい」という気持ちが出てきたと書いています。イカって何だか透明ですよね。骨もなく食べやすいし、味もおいしいから食べられやすい。だから、自分が消えてなくなったら、食べられないで済むと思っているんじゃないでしょうか。わかりませんけど。こうしてハーネマンたちが人体実験をしてくれたおかげで、今、私たちが患者の症状（体）、感情（心）、価値観（魂）に合わせてレメディーを選ぶことができ、そうして同種の原理に基づき、患者を治癒に導くことができるのです。ホメオパシーは本当に素晴らしいと思います。

そのシーピアをとった結果です。

「自分はプライドが高かったというのは改善しました。消えてしまえばいいと思っていたことが、大きく改善しました。自信のなさが改善しました。必死で〝普通〟を求めていましたが、障害児の子どもをもち、自分が一番反発していて恐怖であったと初めて気づきました。

泣くのを我慢しないで、大声を出して泣いて出し切りました。恥ずかしいと思っていた自分の嫌なところも、人に話すことができるようになって、私は素直になってきました。相談会で『いいんだよ』と言ってもらえて、自分を受け入れてくれる人がいるんだと思いました。同じように、ハンディをもって生まれた子どもたちをもつお母さんに、今は苦しくとも笑える日が必ず来るよと、先生に言われたように私も伝えてあげたいと思います」

こんなこと言ってきました。素晴らしいですね。

毎年5月5日に「とらの子コングレス」という、ホメオパシーを愛する人たちのイベントが行われていますが、そのときにこの人は、てんかんと二分脊椎症、ふたりの子どもの子育てを支えてくれたホメオパシーとインナーチャイルドというテーマで発表してくれました。

ではDVDどうぞ。

こんにちは。家族3人で由井先生の相談会を受けております。

長女のてんかんは、不安や精神的ストレスが痙攣を引き起こす要因になっているのではないかと感じ、由井寅子先生の相談会に行きました。私が望んでいた、心と体全てを見てくださるものでした。

レメディーをとると痙攣が何回も起こり、ぐったりしてしまい、主人が、寅子先生に電話して「殺す気か」と怒鳴ってしまったこともありました。私も、好転反応と信じてはいましたが、どうなってしまうのか内心、怖かったです。

ですが、症状が治まると身長がぐんと伸びたり、まるで植物の芽が伸びだしたかのように、年相応に成長しだしたのです。また、人見知りだったのに、人が好きで、積極的になってきました。

相談会を繰り返し、その度、痙攣がすごく、しゃべれなくなってしまうこともあったり、歩けなくなってしまったり、周りから見たら、ひどくなっているように思われてしまいました。ですが、その後で必ず、なにか成長が見られたのです。それを私はプレゼントと思い、周りから理解されずとも信じて続けました。

成長とはなかなか目に見えるようなものではないので、周りからは気づかれないことが多く、主人や家族からはずっと、疑問の目で見られていました。私も、なぜと思っていました。痙攣が止まれば、主人や家族に胸を張れるのに、理解して貰えるのに、私がしてきたことは正しかったんだと言えるのに。どうしてそれが叶わないの？　心が折れることがたびたびありました。

また、彼女はこだわりが強く、周りとのトラブルも多々あり、彼女がいなくなってしまえばいいのにと、むごいことを思う日もありました。

震災の後、一度しかない人生、自分らしく生きるって何だろう。真剣に考えるようになりました。ようやく、自分のインチャに気がついたのです。

私のインチャ癒しを先にしなければ、子どもたちのことも前に進まない。そして私は、私を生きたい。問題は私だったんだと、先生に宛て、手紙を書きました。子どもではなく、私の相談会をお願いしますと。先生は、やっと言ってくれたねと優しく話してくださいました。

そして、先生の相談会と、インナーチャイルドセラピスト養成コースを受講していく中で、自分と向き合うことを行うようになりました。

笑顔で、いいお母さんでいなければならない、できる人間に見られたいとやってきましたが、やっと自分をさらけ出せるようになってきました。自分の弱さや嫌なところを見せることで、実は周りもその方が受け入れてくれることを知りました。

今の課題は、駄目で何もない自分を許してあげること。そして、長女のてんかんを受け入れること。私は最初に、てんかんだけではなく、心も元気になってほしいと思っていたじゃない。彼女の心はとても元気になってきました。すごく楽しそうに生きている。変わっている。私がそれを忘れていました。てんかんばかりが気になっていて、大事なことを私が忘れていました。

まだまだ課題はありますが、人が好き、日本地図が大好き、電車が好き、スポーツとは無縁だろうと思っていたほど、体を動かすことが苦手な彼女が、ボーリングが大好きで、今は選手として頑張っています。どの電車に乗ればいいか、調べて行けるようにもなりました。その彼女で十分だと私が受け入れる。

次女は二分脊椎症という病気です。水頭症もあり、頭からお腹までシャントという管を通し、脳室に溜まった髄液を抜いていました。

幼稚園の時に、自力で脳室に溜まった髄液を流せるようになったので、手術でシャントを取りました。そうしたら、頭が痛くて少しも動けなくなったのです。医師は動揺し、もう一度シャントを入れた方がいいかもしれないと言いました。

寅子先生は、縮まった脳室が元の大きさに戻っているから痛いのだと教えてくださいました。納得し、安心しました。

1ヶ月後、医師は脳室が大きくなっているのではないので、手術をしなくても大丈夫だと診断しました。痛くて動けなかった次女は、家に帰ると、ニコニコ笑いながらハイハイしだしたのです。手術をした方がいいという医師の言葉に、小さい彼女の心は、恐怖でいっぱいになっていたんだとわかりました。今でも、シャント術をする必要なく暮らしています。

私がインナーチャイルドセラピスト養成コースの受講で変わっていく様を見て、次女も受講し始めました。そして、私に愛されているだろうことは分かるのだけれど、愛を感じないと打ち明けてくれました。

それは、私にとってとても辛い告白でした。私は子どもたちを愛しているのにどうしてと苦しみましたが、私自身が母親にまだ依存していて、十分に自分を愛せていない。まだまだインチャがたくさんあるので仕方ない、ごめんね。でも、私の中では精いっぱい愛している。それで勘弁してねと思えるようになり、次女にも話しました。駄目ママをさらけ出しています。

ホメオパシーに出会い、寅子先生に出会い、インナーチャイルドに出会い、私は私と取り戻してきています。心から笑顔になれている自分にかわいいなと思います。

これからも苦しみはあります。でも、それを乗り越えられる方法を身につけられていると思います。これからも、インチャ癒しを続けながら、心も体もきれいになっていきたいです。


〈DVD終了〉

うん、素晴らしいですね。このままの子どもの状態を受け取ったということですね。そのままの自分ができないと思っていたことを許し、自分を卑下しないで、自分をかわいいなと思えるようになった。この進展が、子どもたちをそのままの状態で愛せるようになったわけですね。よかったと思います。

障害児であってはいけないというこの世的価値観が、彼女をずっと蝕んできたのですね。てんかんがあってはならないとか、二分脊椎症であってはならないという価値観が、彼女を苦しめていたわけです。

そのままを受け取る。そのままをよしとする。その作業がお母さんにできたから、生きるのがとても楽になりました。彼女たちの心が壊れていないというのがわかります。

長女は、自分でコインを入れて山手線にも乗れるし、仕事もしています。自分で稼いでいるのです。

次女は、高校生ながらもアルバイトをして、車いすに乗ってタイプもできて、素晴らしいですね。

子どもよりも歳をとっている分、お母さんが早く死にますよね。障害児のお母さんの場合、子どもが自分の死後、どうやって食べていけるかということが心配になります。てんかんが起きるから、ヘッドギアが必要です。ただ、それをするだけでいいと思います。彼女は自分で、食べていけるわけです。そこまで来たというのは、素晴らしいことだと思います。

お医者さんが、脳圧が上がっているから手術しろと言っているものを、ホメオパスがもうこれ以上手術するなというのはどれだけ大変かわかりますか。もしシャントを入れていれば、成長とともに体が伸びる都度、その管を足さなければいけない。何回手術をしなければいけないと思います? もう脳脊髄液は流れていっているのです。人工の管は必要ないんです。もともと脳室は、もっと大きくならなければいけないがために、管を取った途端、脳室が広がって圧迫感、頭の痛みがあるわけです。私にはわかりましたので、このままやってくれと。一か八かになるんですけれど、でももうこれ以上この子に手術してもらいたくなかったのです。今まで十分、手術しているので。

そういう思いで出したベラドーナ(Bell.／セイヨウハシリドコロ)が、ものすごくよく効いてくれました。

車いすではありますけれど、脳はしっかりしています。それでちゃんと働けて、インナーチャイルドの勉強も、14、15歳ぐらいの若さで学びに来てくれました。二分脊椎症の人生が辛かったからですよね。

この状態で幸せになることを心から、この子も求め、また、お母さんも求めているのです。レメディーをやったって、てんかんは治らないのよ。レメディーをやったって、二分脊椎症は治らないんだよね。これは、ホメオパシーが治していいものではないということ。

お母さんと子どもたちが、そのままの自分でいいと思ったときに、ミラクルが起こることでしょう。

終章　人生は負けるためにある

「人生は負けるためにある」ということを、皆さんにお伝えしてきました。

私の人生、思い返せば、求めるものは与えられず、ことごとく剥ぎ取られて、母親の愛もなく大変でした。父親がおらず母親に愛されず、大人になっても愛を求めて、いろんな恋愛をしましたけれど、ことごとく振られました。愛してくれると思ったら、お金目当てだったり、騙されたりもしました。心から私を愛してくれる人は誰もいないと嘆いていましたね。

人は誰もが、胎児・赤ん坊・幼児のときに自分は駄目だと信じてしまい、悲しんでいるインチャがいます。誰もがその悲しみを抑圧し、優秀になろうと頑張っています。誰もがその恐れを抑圧し、自分はすごいというプライドで戦っているのです。

北海道神宮

しかし、誰もが根本的に弱く、誰もが未熟で、誰もが不安で、誰もが駄目なんです。誰もがそこから逃げている。怖くて頑張り、怖くて怒っているだけ。

母である私に怒られるから、味噌汁をこぼさないようにと頑張っていた息子の話をしましたね。褒めてもらえない、愛してもらえない恐れ。そういうものを抑圧して、今度は怒りで対抗して自分を守ってきたのだけれども、行き着く先は無感情、無感覚です。

だから逃げずに、駄目な自分・悲しんでいる自分に戻る必要があるんです。もともと、あなたは駄目だった。元に戻るだけのことです。根本的に、弱くて、未熟で、人から助けてもらわなければ何もできない自分、そこに戻ればいいだけのことです。逃げずに、もうこれ以上は頑張らず、自分らしく生きてほしいなと思っているのです。

そして、駄目な自分に戻れるように、人生には、負けるための苦難が用意されているわけです。そんな苦難がやってきたら、思い切って駄目な自分を認めること。それが本当の勇気です。

もがくのを止めて、諦めて、自分は駄目だと認めて、許し許され、楽になっていくんじゃないかと思うのですね。

「もう参りました。自分はこんなちっぽけでドベな人間です。それでも神様、私を愛してください」となればいい。私自身、駄目で愛されない人間ですけれど、そんな自分を愛していこうと思っています。皆さんにもやってもらいたい。そのために、何回も何回でも生まれるわけですから。何回も何回でも駄目な自分を突きつけられて、やっと自分は駄目だと認めることができる。自分を駄目だと認めて初めて、そんな自分を許すことができる。

自分はすごい、自分は正しいと思えば思うほど、許すことは難しくなりますよね。

私は伊勢神宮の外宮《げくう》、内宮《ないくう》によく行くのですが、そのときは細かい雨がさーっと降っていました。雨にずぶ濡れになりながら、外宮の古殿地《こでんち》の小さなお社を見ていたら、そこからもくもくと靄《もや》が立ってきて、豊受大神からメッセージをいただきました。

「この場所は20年の歳月、風雪、大雨、炎天にさらされ続ける。そうして年月をかけ全てが清められ、とんでもなく神聖な場所になる。人も同じ。長年降りかかる苦しみにじっと立ち尽くし、耐えていると、輝き出るものがある。それはあなたの中にいる神聖な、神なる自分である」

長い苦しみにじっと耐えていると、輝き出るものがある。苦しみとは素晴らしいな。人を大きく成長させるんだなと思いました。苦しみにじっと耐えていると、恐れて逃げて頑張ることもしない。怒りに逃げて戦うこともない。苦しみを受け入れること。負けること。

伊勢神宮外宮　古殿地

駄目な自分を認めるということです。

人があなたのことを悪く言うとき、「なんて不埒なことを言うやつだ!」と怒るだけで終わらせない。「待てよ、そういう駄目なところ、確かに自分にあるんじゃないか?」と、自分自身を振り返ってもらいたいのです。あなたが駄目な人を見た場合も「なんでできないの? 駄目だな、こいつ」などと怒るだけで終わらせない。「自分も同じようなところがあるんじゃないか? この人を怒る権利はあるのか」と、自分を振り返って考えてもらいたいのです。

あなたに苦しみがあるということは、あなたはまだ自分で許していないものがあるということ。だからこそ、苦しみが与えられる度にじっと耐えて、負けて、駄目な自分を許し続ける。すると、とんでもなく神聖なものが自分の中から輝き出る。このようなメッセージを、豊受大神からいただきました。

私も、人生の伴侶と信頼し、20年間付き合った彼に振られました。本当に惨めでした。もう若くはないし、女性としての魅力もないのかもしれません。愛されたい、執着ばかりの自分、駄目な自分。母親からも元夫からも彼からも、そして、さまざまな人からも本当に愛されません。騙されたり剥ぎ取られたり、嫌われてきました。それを認めろ、認めろ、認めろと愛されない出来事が次から次にやってきました。もうプライドも保てない。彼女を嫌って、プライドで、私の方がすごいんだと言ってみても、彼を恨んだところでもう仕方がありません。逃げても苦しくなるだけですから、認める道しか残っていませんでした。

自分は女として魅力がないんだ、彼女に負けたんだと感じていると涙がぼろぼろ出てきました。絶望している自分に出会いました。虚無の中で、じっとうずくまっている小さな子がいました。いらん子で存在価値のない自分。愛される価値のない自分。家族の中で居場所がない自分。邪魔者扱いされている自分が、ぽつねんとひとりでうずくまっていました。この絶望をなかなか受け入れられず、ずっと抵抗していました。愛される条件である、この世的価値観を信じて一生懸命頑張って、頑張り抜いてきました。愛されない自分は駄目だと、愛されたいと求め続けることをやめられず、辛かったです。この世的価値観で自分は価値がなく、存在してはいけなかったと認めることも、とても苦しかったからですね。

あるとき、阿弥陀様に自分の存在価値を認めてもらうために、群馬県北部にある武尊《ほたか》山《やま》に登りました。大雪が降った後で、途中で引き返して来た若者に、「この先にある鎖場が雪で危険だから止めた方がいい」「あなた、その年で、その足で登れますか」と言われたけれど、私はどうしても登らなければならないからと、頂上まで行きました。標高

武尊山

２１５８ｍの雪の武尊山は苦しかったなぁ。

頂上のお社で、阿弥陀様にお会いしました。そこにひれ伏してお尋ねしました。「どうしても、自分では自分に、存在していいという許可を与えることができません。全ての人を極楽浄土へ導くという阿弥陀様。あなたにお聞きしたい。私は存在していいのか？」と。

しばらく問いかけていましたら、阿弥陀定印を結んでいた阿弥陀様が、印の上下をくるっとひっくり返して、ハートをつくって「当たり前だ。存在していい」と言ってくれたのです。それですごく救われたんですね。本当にありがたかった。

そして山を下りるときに、ショウジョウバカマがひとつ、ぽつねんと、ピンクのきれい

武尊山のショウジョウバカマ

な花を咲かせておりました。寒い中、自分の命を一生懸命生きているように見えました。

そのときです。「存在するものは存在を許されている！」という深い真理を理解できたのです。「存在自体が存在価値を体現している！」ということを、深く理解できました。今、私、存在しているじゃない。だから、存在していいんだよ。「存在する全ては、自分の魂に誇りをもって、自分の命を生きればよい」ということ。これも、阿弥陀様が教えてくれたのです。

このときから人や物、そして自分に対する見方が少し変わりました。前よりも慈しむような心が増えたんですね。それは、存在するものの魂を見るようになったからです。そして、何が大事なことか、だんだんわかってきました。存在自体が存在の価値を体現しているということも。

誰がなんと言おうが、いらん子と言われようが、女としてかわいくないから愛さないと言われようが、ここに存在することは、存在価値があるということなのです。

あるとき近所の赤ちゃんがずっと泣いていたのです。お母さんが近づかないからもう割れんばかりに泣いて、叫んで。40分ぐらい泣いているのです。私はとうとう、「もう、やかましいな」と耳を塞いでしまいました。

そうしたら、母親のおっぱいをもらえずに、耳をつんざくような声で、顔を真っ赤にして泣いている自分の姿がぽんと出てきたのです。山に行って疲れている母親にとって、さぞかしこの泣き声が嫌だったろうなと思ったんですね。

ふと自分は、母から愛されるような人間だったのだろうかって、考えました。もしかしたら自分はもともと、母から愛されるような人間ではなかったんじゃないか、そういう疑いが湧いてきたのです。


母は夫を亡くし、すでにふたりの子どもがいまして。山で芋やミカンや麦を作り、それを売って生計を立てているのに、私まで産んだら、山に行けず、みんな死んでしまうかもしれない。しかも母親は、慰労年金ももらえなかったのです。それは父が日本に帰ってきて8年後に死んだから、戦争によるものじゃないと言われて、もらえませんでした。実際のところ、父はガダルカナル島で、銃で打たれた傷が元で亡くなったのですが……。

10年くらい前かな、兄の友だちが役場に勤めていたので調べてもらったら、慰労年金は由井家に出ていたそうです。あいつらにやらなくていいからと、みんなでどんちゃん騒ぎをして、そのお金で鍋をつついて食べていたと言うのです。それを知った兄は、もう顔を真っ赤にして、訴えると怒ったのです。そのとき私が「兄ちゃん、こうなるようになっていたんだよ。母ちゃんは本当にお金がなくて、私たちを連れ、夜中に崖から飛び降りて死のうとしたほどだったけれど、私たちが泣き叫んで、異変に気づいた村の人が助けてくれたよね。それで私たちは生き残ったよね。そして今も元気に生きている。だから、これでよかったんだよ。その人を許してやってくれないか」と言って、兄が訴えることを止めたのですけれどもね。無理心中を謀るくらいだから、貧乏が半端なかったわけです。

だから、そうか、それほど苦しいときに私が生まれて、母親の身になれば確かに私はいらん子だな。存在自体が邪魔で迷惑な子だな。死んでくれたらいいのにと思われても当然だ。殺されても仕方がない。生きる価値もなかった子だな。それを認めることが辛くて、抵抗していた。自分は価値がある、自分は特別だ、自分は愛してもらえる存在なんだと、ありもしないプライドで自分を守ってきたんだなと、しみじみと思いました。

一方で、そんな駄目な自分に直面しないよう必死に努力し、好かれようと遠慮して、お金も返せと言わないで、結局、友だちとの関係も壊れていく。そうやって生きてきたんだなと思いました。

勇気をもって、自分が母に愛される子どもではなかったことを認めました。それを認めると、いろんなことが緩んでいきました。母に嫌われた自分、生きる価値のない自分、迷惑をかける自分、母を苦しめる自分、愛される価値のない自分、邪魔者の自分。そんな最低な自分を認めたのです。やっと認めることができました。駄目な自分から逃げて、プライドで戦う気持ちも、駄目な自分から逃げて、頑張る気持ちもやめました。

怒りも恐れも全部一気に、悲しみに戻っていきました。そして、生まれたことを母ちゃんに泣いて謝りました。「母ちゃん、生まれてきてごめんね。都合が悪いときに生まれたよね。迷惑かけたよね。本当に苦しいときに、よく私を育ててくれたよね。母ちゃん、あり

御許山　大元神社

がとう。そしてどうか、存在することを許してほしい。私を愛さなくても構わないから、生きることだけは許してほしい。私も魂の宿題があるから」と言ったら、いっぱい涙が出ましてね。

そういうことを繰り返し、繰り返しやりましたら「いいよ。ここにいていいよ。おまえも家族のひとりだよ」と言ってくれる母親が出てきたのです。兄ちゃんたちもいて、ふたりで祝詞をあげているの。おいしいココアが入っているよ。暖かい家族の姿がありました。

この絵を見てください。そのときのイメージです。

ありがたくて、ありがたくて、また涙が出てきまして。よく私を殺さないでいてくれたって、すっごくありがたかったのです。

私も、そんな最低な自分を受け入れて、自分を許し、愛したのです。その瞬間、障害はバンと消えて、全てが喜びと幸せと感謝の気持ちに変わっていきました。母を恨む気持ちはもうありません。悲しみの涙が、感謝の涙に変わっていった瞬間でした。今までの苦しみが感謝に変わるということが、どれだけありがたいことか。甘露の味かなと、今思い出してもそう思います。本当にありがたかった。

このようにして私は阿弥陀様に救われ、赤ちゃんが激しく泣いてくれたおかげで、自分を救うことができました。

もちろん、それだけではなく、今までの数々の苦しい出来事によって救われたのです。私を愛さなかった母ちゃんも、私を見ることなく死んでしまった父ちゃんも、母のおっぱいに唐辛子を塗った婆ちゃんも、私が小さいながらも看病しているのに棒で私を叩いた爺ちゃんも、母の愛を独占した兄ちゃんも、私に暴力をふるっていじめてリストラした上司も、私を振った彼も、私が20年愛した彼を取っていった彼女も、皆、私にとってありがたい存在だと思えたのです。私を原点に連れ戻してくれたのは、この役目をしてくれた人々のおかげだと思いました。

私の根本は、存在価値がない。消えていなくなるべき存在と信じて虚無にいる自分。虚無から脱却できない、絶望から脱却できない。この自分から、何世も何世も逃げて、やり直してきました。自殺した人生があったかもしれません。何回も生まれ変わり、ここを課題として取り組むのだと、気丈に生まれ変わってきた魂だとわかりました。もし今回成就しなかったら、来世ではより苦しむことになります。

石鎚山

今世こそは絶対自分を救うんだという気持ちでこの世に来ましたから、もちろん、愛されない人生の連続でした。その中で、本当に苦しかったけれど、自分を愛する醍醐味を、この人生で知ることができました。

邪魔で存在価値のない自分でしたが、それすら、母の価値観でしかなかったのです。母にずっと依存してきました。母が死の床で、家族全員の名前を呼んだのに私の名前だけは呼ばなかった、自分で「寅子もいるよ」と言ったら、「わかっちょる」と言って死んだとき、ひとこと「寅子もいるか?」と言ってほしいと思うこと自体が、母に自分の存在価値、存在の許可を委ねていたということです。

そこから、自分が自分に存在していいよ、このクズで駄目な私でもここにいていいよって言えるようになって、母からも自立できました。

どん底に行ってやっと、初めて自分の足で立つことができました。全く価値のない駄目な自分を自分で許すのが、自力で救われる道です。神仏に駄目な自分を許してもらうのが、他力で救われる道です。人間はこのどちらか、もしくは両方でやっていかないと救われません。

だから、信仰心を持つ、神仏に帰依することはとても大切だと思います。実際に私は、神様、仏様の支えがなかったら、自分で立つことはできませんでした。

人は、いつか神仏になるために生きているのではないでしょうか。何人をも愛する神仏になろうと、何回も生まれてくるのではないでしょうか。人は全てを愛することで、神仏となっていくのです。

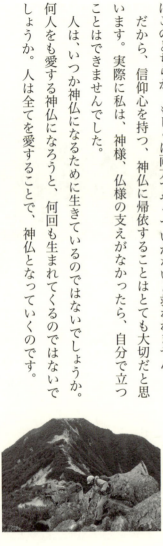

負けて、負けて、負け抜いて、最低の自分を愛そうじゃありませんか。だから人生は負けるためにある。だから苦しみは本当にありがたい。親に愛されなかった人、親に嫌われた人、おめでとう。ぼろぼろの人生だった人、おめでとう。早くどん底に行けるよ。早く最低の自分に出会えるよ。どん底に行ったら、後はもうその最低な自分を許すだけだ。どん底に行かなければ、絶望に行かなければ、絶望しているインチャを救うことはできなかろう。共感することもできなかろう。許すこともできなかろう。

どん底というところは、行ってみたら悪いところじゃなかった。地獄だと思ったけれど、仏様がいっぱいいたし、神様もいっぱいおった。どん底というのは、万物斉同《ばんぶつせいどう》の場所。いいも悪いもない、高いも低いもない、そういう場所だったのですよ。本当の地面、そこに本当の価値がある。

この世的価値観で見れば、誰もがどん底にいる。だってあなたはかつて、何もできない赤ちゃんだった。何も知らない、親に迷惑ば

かりかける、グズで役立たずの幼子だったのだから。そんな自分を自分で否定してしまったから、まずはそこに戻らなきゃいけない。その子を肯定するために。だからどんな人も、いつかはこの世的な価値、全く価値のないどん底に行かなきゃいけない。

どん底をどん底にしているのは、『優れていることは善』という愛されるための価値、存在価値となっているこの世的価値観です。この世的に見ると最低のどん底でも、霊的に見れば最高の位置なのですよ。世の中、逆さまなのですよ。どん底に立ったときこそ、君の本当の価値は明らかになるよ。この世的価値観を乗り越えること、捨てることで、本当のあなたの価値が見えてくると思いませんか。

それは何ももっていない、何もできない、何も知らない状態でこそ、あるものなのです。お味噌汁をこぼしても、うんこを漏らしても、算数ができなくても、美人でなくても、もっているものなのですよ。

それは、君が誰かの役に立っている間、君が何かできている間、君が頑張っている間、君が戦っている間は、絶対に見えないものです。駄目でぼろぼろになって、やっと見えるものなのです。この世的価値観をもっている間は見えないんです。手放してごらん。自分を守るためにもったプライド、対抗価値観を。みんな手放してごらんよ。悲しみに戻って、

熱田神宮

負けて、負けて、負けていこうよ。そうしたら、見えてくるはずなんですよ。自分の本当の価値が見えてくるはずなんです。何の価値もなくなって、絶望の中で見えてくるものがあるはず。それは光なんです。

花を見て美しいと思い、キラキラ光る露をみて美しいと感じる君、それが君の本当の価値だよ。澄み切った青空に満たされる君の心。虫を見て踏まないようにしている君の優しさ。それが君の本当の価値だよ。大自然を前にしてひれ伏す君、それが君の本当の価値だよ。最低の自分を愛する君、それが君の本当の価値だよ。

人の心というのは、自分の中にないものに心動かされることはないのだから。君は花であり、君はキラキラ輝く光であり、君はどこまでも澄み切った青空であり、君は畏れ多い神聖な存在なんだよ。君は花の中に、キラキラ輝く光の中に、澄み切った青空の中に、畏怖する大自然の中に、限りなく優しい神仏の中に、自分自身の本質を見て涙しているんだよ。君が優しさ、君が愛なんだよ。

君はこんなにも素晴らしい価値をもっているんだ。だから大丈夫。負けていこう。恐れて頑張る必要も、怒って戦う必要もない。対抗価値観やプライドを手放し、負けていこう。愛される価値のない自分を認め、頑張ることを手放していけば、見えるものがある。

深い悲しみを受け入れ、
長い苦しみを受け入れ、
愛してほしいという欲と執着から脱却し、
感謝に変わるとき。

この悲しみと苦しみは、
君たちを光り輝く世界に誘うだろう。

神は敗北を尊ぶ。
みんな、負けていこう。

由井寅子

あとがきにかえて

皆さん、長い間聞いていただきありがとうございました。
まあ、こういうことを64になり感じましたので、私の人生の全てとは言いませんけれども、洗いざらい出しました。

私は今ひとりです。でも、幸せなんですね。神仏とともに生きている感覚がするんです。生かされている感覚がするんです。いろんな危機はありましたけれど、いらん子の私がここまで生きて来られたのは奇跡だと思います。

ひとりひとりの魂には、ひとりひとりの宿題がありまして、ひとりひとりの魂には、ひとりひとりの個性があります。その個性を謳歌して、輝くような人生を送ってほしいと心から願っております。

あなたの人生を私が代わってあげることはできない。あなたはあなたの人生を生きなければならない。その人生の中で必ず、光り輝くものと出会えるはずです。負ければ、駄目な自分を許せば、ですね。

よく見れば、この世は高いも低いもない。万物斉同の世界でした。何も恐れる必要はなかったのです。

嫌な出来事、いい出来事と分けずに、与えられたものは全て受け取っていきましょう。神様がくれたプレゼントですから、ありがたく受けとっていきましょう。

ありがとうございました。

■講演者紹介

由井寅子(ゆい・とらこ)

ホメオパシー名誉博士/ホメオパシー博士(Hon.Dr.Hom/Ph.D.Hom)
日本ホメオパシー医学協会(JPHMA)名誉会長
英国ホメオパシー医学協会(HMA)認定ホメオパス
英国ホメオパス連合(ARH)認定ホメオパス
カレッジ・オブ・ホリスティック・ホメオパシー(CHhom)学長
農業生産法人 日本豊受自然農株式会社代表

著書、訳書、DVD多数。代表作に『キッズ・トラウマ』『バイタル・エレメント』『ホメオパシー的予防』『ホメオパシー的信仰』『インナーチャイルド癒しの実践DVD』『インナーチャイルドの理論と癒しの実践』など(以上ホメオパシー出版)、『毒と私』(幻冬舎メディアコンサルティング)がある。

■Torako Yui オフィシャルサイト http://torakoyui.com/

インナーチャイルド癒しの実践

原理から症例までインナーチャイルド癒し講演の決定版！

DVD VIDEO

由井寅子 講演（全編2時間33分）　1,300円+税
とらこ先生の故郷をたずねる第1章から始まり、インナーチャイルドとは、10段階の感情（インチャ）の変遷、インチャ癒しの手順についての解説など、充実のラインナップ。インチャセラピスト養成コース紹介の付録も。〈英語版あり〉

インナーチャイルド癒しの実践2

インチャセラピストアドバンスドコース公開講座

DVD VIDEO

由井寅子 講演（全編1時間46分）　1,300円+税
インチャ癒しの極意は、①感情の解放と②価値観の解放にあり。正直な自分の思いを解放し、その思いを受け止め、その奥にある「愛してほしい」という願いをかなえてあげること。自分自身を癒すための実践的なヒントが満載。

インナーチャイルド癒しの実践3

インナーチャイルドセラピスト養成コース公開講座

DVD VIDEO

由井寅子 講演（全編2時間20分）　1,300円+税
抑圧した正直な思いと感情を解放することの重要性と、その実践方法、さらに感情の奥にあるこの世的価値観を解放していくための方法を解説。辛く苦しい出来事を感謝に変え、人生を幸せなものにするために大事なこととは？

インナーチャイルド癒しの実践4

この人生をラクに生きる

DVD VIDEO

由井寅子 講演（全編2時間15分）　1,300円+税
「苦しみは悪」ではなく「苦しみは本当の幸せへと導くもの」。苦しみはなぜ生じるのかを図解しながら、幸せになるための三つの方法やインチャ癒しを明らかにしていく。生きる勇気、幸せに生きるための気づきを与える感動の講演録。〈英語版あり〉

インナーチャイルド癒しの実践5

今を満足するコツ 求める女性性から与える母性へ

DVD VIDEO

由井寅子 講演（全編2時間12分）　1,300円+税
新・幸せになるための三つの方法で、この世的願いをもちつつ幸せになる方法を詳解。「苦（女性性）は幸せ（母性）のはじまり」とらこ先生が洞察した真理が、女性性と母性の関係に統合されていくさまは圧倒される。

インナーチャイルド癒しの実践6

人生を楽に生きる奥義

DVD VIDEO

由井寅子 講演（全編２時間 43 分） 1,300 円+税
人間は体・心・魂、それぞれに命を持ち、体の命が終わっても心と魂の命は終わらない。脳性麻痺の子の生と死、向き合う母のケースを通し、この世的価値観・カルマを浄化し、魂本来の命を生きるための奥義を解説する。〈英語版あり〉

インナーチャイルド癒しの実践7

もう一度人生を生き直すための奥義

DVD VIDEO

由井寅子 講演（全編２時間７分） 1,300 円+税
奥義シリーズ第二弾。愛されない恐れ、怒りや憂いを抱えた内なる子どもが、人生の様々な場面で共鳴し、苦しみを生じさせている。幼少時のつらい感情をさらけ出し、親の価値観を越え、自分の本当の価値を取り戻そう。〈英語版あり〉

インナーチャイルド癒しの実践8

人生は負けるためにある

DVD VIDEO

由井寅子 講演（全編３時間３分） 1,300 円+税
優れようと頑張らず、プライドで戦わず負けることで、根本にある「駄目な自分」に戻り、そんな自分を許してあげよう。とらこ先生の人生、難病の男児、ふたりの障害児をもつ母のケースを通し解説する。３時間を超える、インチャ癒しの集大成！〈英語版あり〉

インナーチャイルドの理論と癒しの実践

初心者からプロのセラピストまで

由井寅子 著　四六判・248 頁　1,500 円+税
まったく新しい心理学ともいえる、インナーチャイルド概論。インチャが生まれる過程を、段階を追って解説する。また、病気の土壌となりうるマヤズムとの関係や、インチャの癒し方まで、全てを網羅し、凝縮した一冊。〈英語版あり〉

ホメオパシーガイドブック③

キッズ・トラウマ

由井寅子 著　A5判・248 頁　1,600 円+税
子どものかかる病気や成長過程で遭遇する心身のショックに合わせて選ばれた、36 種類のレメディーのガイド書。インナーチャイルドにも対応するロングセラー。子どもはもちろん、子どもの頃のトラウマを癒したい大人にも有益。

③インナーチャイルドが叫んでる！
愛されず傷ついた内なる子どもをホメオパシーで癒す

由井寅子 著　四六判・268 頁　1,500 円+税
怒り、悲しみ、自信のなさ。その原因は幼いときに愛されず傷ついた内なる子ども（インナーチャイルド）にあった！　どう向き合い、癒せば良いかをレメディーやフラワーエッセンスの解説とともに解き明かす。〈英語版あり〉

愛じゃ！ 人生をかけて人を愛するのじゃ！
ホメオパシー的生き方で根本から愛される人になる！

由井寅子 著　四六判・224 頁　1,300 円+税
愛って何？　どうして私たちは愛されることを求めるの？　愛されるためにはどうすればいいの？　誰もが抱く根源的な問いに、とらこ先生がズバリ回答！　自分を愛し根本から愛される人になるための必読書。〈英語版あり〉

感情日記
インナーチャイルド癒し手帖　日付フリー式

由井寅子 著　80 頁　B6 判・700 円+税
持ち運びに便利な B6 サイズの、記入式実践ダイアリー。日々生じるさまざまな出来事と、相対したときの感情や状況など、ありのまま書き記そう。インナーチャイルド癒しに本気で取り組みたい方、必携のアイテム。出来事を書くだけでもOK！

ファー・イースト・フラワーエッセンス ガイドブック

東 昭史 , 浅野 典子 共著／由井 寅子監修
A5 判・160 頁　1,200 円+税
フラワーエッセンス研究家・東昭史が、日本固有種から21種類を選りすぐり、エッセンスの特徴、使い方などを解説する。共著・浅野典子による詩は、読む人に強いインスピレーションをもたらすことだろう。

講義録③　宝石のレメディーとチャクラ

コリン・グリフィス 著／RAH主催　四六判・216頁　1,500円+税
ジェム（宝石）レメディーブームの火付け役となったコリン・グリフィスによる講義録。学生からも圧倒的支持を得た、「おもしろい、分かりやすい、すぐに使える」と三拍子そろったジェムレメディー入門書。ジェムエッセンスの作り方も公開。

人生は負けるためにある

インナーチャイルド癒しの実践8　講演録

2018年1月22日　初版 第一刷 発行

講演者　由井 寅子

発行所　ホメオパシー出版株式会社
〒158-0096　東京都世田谷区玉川台2-2-3
TEL:03-5797-3161　FAX:03-5797-3162
E-mail　info@homoeopathy-books.co.jp

ホメオパシー出版　http://homoeopathy-books.co.jp/
豊受オーガニクスショッピングモール　https://mall.toyouke.com/

Printed in Japan.
ISBN 978-4-86347-111-5 C2011